圣严法师
教观音法门

圣严法师————口述
梁寒衣————整理

自序

  这册小书，原是我为中华电视台录制的《大法鼓》节目，由资深主播陈月卿女士提问，我口述了七种观世音菩萨的修行法门。虽然在这之前，我已写过一册赠送结缘的小书《观世音菩萨》，已约略介绍了这七种法门，但未深入，故在《大法鼓》中，就这七种法门，一连讲了十多集，特别是对于《心经》内容的修持法，以及《楞严经》耳根圆通法门的修持法，着力较多。

  因此本书是由日常生活中的持名、持咒、读诵，进而对于人生身心的观照、对于由浅入深的禅定修行，乃至如何悟入自性，成就无上佛道，都做了简明扼要的说明。

  作家梁寒衣居士对于这十多集电视影带的内容，很感兴趣，愿意将之写成文字出书，问我如何拿捏整理成文稿的尺度，我允许她，只要内容是我说的，至于文字，她想怎么整理就怎么整理，她可以放手去做。

到了今年八月上旬，寒衣便将成稿交到我的手中，大部分是依照录像带播出时的原样整理，其中第十、第十二、第十三等三篇调整的幅度较大，但都没有与我的原意相违，甚至更加明朗。第八篇是谈《楞严经》的耳根圆通法门，于口述时，仅做大意的介绍，未能将经文分析解释，所以寒衣要我亲笔做了较多的修订与增补。

现在，这册小书，准备交由法鼓文化出版了，略缀数语，用来说明其成书的因缘。

二○○一年八月二十四日圣严序于法鼓山农禅寺

目录

闻声救难，度一切苦厄

　　观世音菩萨宛然是与娑婆有情，别具深刻因缘的菩萨。人们在感到恐惧、骇怕的时候，总喜欢持诵经典、经偈或佛号；但是，更多的人，只要一遭逢危难危急，即自然持诵起观世音菩萨的圣号，恍如溺水的人，下意识地抓住救命的舟筏一般 ——不管是一般民间信仰，或正信佛教徒，皆如此。所谓"家家弥陀，户户观音"，正描述了观音信仰在中国的蓊蔚与兴盛。

　　为什么呢？为什么在无数悲智双融的菩萨中，观世音菩萨独独具有如许独特独树、不可磨灭的地位？

　　第一、《法华经》本身在中国本是一部非常重要的大乘经典，阅读、持诵者极为广袤。《法华经》中内含一品，名为〈观世音菩萨普门品〉，称扬赞叹观音智慧福德，后人将之单独结集流传，即成了《观音经》。

第二、另一部经典名为《千手千眼观世音菩萨广大圆满无碍大悲心陀罗尼经》（略称《大悲心陀罗尼经》），鼓励大众持诵〈大悲咒〉。自然地，也依此持念"千手千眼"慈心无量、普济无量的观世音菩萨圣号。

一诵名号，即闻声救苦，消灾解厄，有求必应……，因为简单，也就人人欢喜，人人能行。观音信仰也就如同大河一样深广流布在每一个心灵的种子中。

此外，《楞严经》中的〈观世音菩萨耳根圆通章〉，也强调了菩萨的"耳根圆湛，闻声救苦"，能够"一者上合十方诸佛本妙觉心，与佛如来同一慈力；二者下合十方一切六道众生，与诸众生同一悲仰"的妙觉普度，闻声化现。

至于观世音菩萨的"女性形象"、"女性化身"，也仅是〈普门品〉的三十三种化身之一罢了。唐以前，中国史上的观音画像，先是男性的，并蓄有胡须，然后则是中性的，而且是超越男女性别的。一切菩萨俱如此，仅是中性。辗转到了宋以后，观音的女性形象宛如更易感动，也更受欢迎。图像上的观音也就更衍为"女性化"，更常以"女相"呈现。

人们将观世音菩萨称为"观音老母"，代表着女性的慈悲、母亲的慈爱，也代表着生命初始，最亲昵、永恒的呼唤。

所有的人类，在遭遇苦难，于叫天不应、唤地不灵的时刻，他所第一个想到的，必是母亲；所喊出的，也必是："妈妈！"；因为，母亲永远是这样倾注着，全心全意保护、守卫着孩子的。正如一遇见危险，母鸡"咯咯"一啼，小鸡便俯冲、躲避在母鸡的羽翼下一般。

但是，世俗的母亲是普通的凡人，究竟有她的极限。

菩萨则不同！这样的观音，足具母亲的慈悲爱念，涵摄了母亲的功能，又神通广大、普救无边——只要念他，即能感应他，即受救拔！因此，一遇困苦，大家便自然称诵观世音菩萨的圣号了。

以致，即使不了解什么是"菩萨"，人们也很容易将观世音视为一己的"随身菩萨"，一尊如母亲一般慈悲亲切、随时随地皆能护翼、庇荫着自身的菩萨。

认识观世音菩萨

观世音菩萨是谁？是否具有真人、真事？

我们知道释迦牟尼佛是由印度迦毘罗卫国的王子悉达多，悟觉宇宙真理修行而成。他大约出生于周元王八年（公元前四六八年），寂灭于周安王十四年（公元前三八八年），游行弘化四十九载，具有历史上足以考据、验证的背景、足迹与行化。但是，观世音菩萨呢？他是历史时空下真正存在的人物吗？

观世音菩萨的形象一向是透过不同的经卷，由释迦牟尼佛称说、引介的。依着不同的经典，而有着不同的界说、身分、特质与形象。

〈普门品〉中描述观世音菩萨具有三十三种化身——但是，观世音菩萨当真只有三十三种化身吗？一部分的经典以为他具有千百亿化身，而另一部分的经典则认为观世音菩萨本身即是佛；是过去早已成就的佛，佛名即号"观音佛"，或号"正法明如来"。

因是"过去佛"，自然不是我们这一世界的人。也无从考证他的出生朝代、背景、本纪。

《观无量寿经》则提到阿弥陀佛的极乐世界中，胁侍着两尊菩萨，一名大势至菩萨，另一则是观世音菩萨，两者皆是"一生补处菩萨"——"一生"，即是在这一生过后，即会立即成佛；"补处"，即是递补阿弥陀佛的位置。意思是，当阿弥陀佛弘化愿满，即会在某一时间涅槃、入灭；此时，观世音菩萨即接替阿弥陀佛的位置，于西方极乐世界成佛，即是"遍出一切光明功德山如来"。

既然缺乏现世时空的佐证，观音信仰者何以认为南海的补怛洛迦山是观世音菩萨的道场，而纷纷前往"南海"朝圣？

它出自《华严经》中著名的"善财童子五十三参"——发愿起修的善财童子，一站一站向诸善知识、大菩萨们参学诸法，于印度南海的岛屿"补怛洛迦"上，谒见了观世音菩萨，聆闻法要。因之，后人即以南海的"补怛洛迦"做为观世音菩萨道场。

　　宋以后，中国人将浙江定海县的岛屿，视为"补怛洛迦"，也就是观世音菩萨所在的"普陀山"。但是，"南海"究竟在何处？我想，中国、印度、日本、韩国……，不同的民族、区域，各自有心目中理想的"南海"，也有各自不同的认知和地理。

　　此外，民间流传的《观音得道》一书，最早是弹词，稍后演变为小说。内容叙述观世音菩萨原本是一位国王的女儿——妙庄王有三位公主，大公主好文、二公主好武、三公主则悦好修行，慈悲善美的三公主妙善历经劫难，于大香山修行成道，即是后世的观世音菩萨。

　　正如《西游记》一般，《西游记》中的"唐三藏"的确真有其人、其事——唐朝的"三藏"法师玄奘，的确西行求法，履涉颠沛，赍回经藏。但是，《西游记》中的故事却是小说家构想、伪编出的传奇，并不是历史的纪实。《观音得道》一书的状况，也是一样。

　　由于观世音菩萨的妙感很多，灵验、感应事迹极众，通过艺术家的技艺，根据不同的流传，即塑造出不同的绘画、雕刻——不同的观音形象即就此广为流布、流传；例如拥有四臂的"四臂观音"、具现十一个面相的"十一面观音"、具足千手千眼的"千手千眼观音"。乃至于即使是天主教中怀抱着圣婴的圣母玛莉亚，中国的佛教徒也愿意将之视为"送子观音"来朝拜。

观音信仰如是则在真实与虚构、风俗与流行中蓊沛苗壮，混融了经典、小说、传奇、美感与民俗。

正信修学观音精神

一位居士曾经问到："一些父母生下孩子后，为了使孩子平安幸福，一辈子无灾无厄，即'过继'给观世音菩萨，让孩子成为观音菩萨的'契子'——这样做，究竟有没有用？是不是一种依赖的心理？"

又提到，自己怀儿子、女儿的时候，恒常持诵〈普门品〉，结果，朋友们见到自己的一双小儿女，都觉得乖巧非常，超越一般孩童——那么，是不是真与〈普门品〉、与观世音菩萨有关呢？

将孩子过继给神明做为"契子"，以祈消灾祈福，在中国本是由风俗习惯所形成的一种民间信仰——过继的神祇很多，济公、妈祖、土地公、关帝君等，并不限于观世音菩萨，这份根植的民间信仰，与佛教本身并没有太大的关联。

〈普门品〉中的确提到，欲生智慧福德之男，则常诵观世音菩萨，即可获得圆满智慧之男。而且，是求男子得男子，求女子得女子，一样相好圆满……，因而，历来便有"观音送子"的传说。

至于，持诵〈普门品〉是不是能够影响孩子的心性、品性？是不是具有真实的关联？我想，答案是肯定的。这自信仰所产生的深厚力量，一部分来自于自我个人，也即是"母教"、"胎教"的部分。因为恒常持诵〈普门品〉，系念着菩萨圣号……，所以念念心心，都常与菩萨的柔美、慈悲相应；这样的心情，也自然影响了腹中的胎儿。

我个人并没有看到经典这么说："生了孩子，只要过继给佛、给菩萨，孩子就可顺利长大，拥有智慧、聪明、健康与长寿。"

佛经中所真实说的是，为了孩子的健康、聪明、智慧，一个人应多念观世音菩萨，恒常熏习、修持观世音菩萨的慈悲慈怀，常行种种福泽、布施、救苦救难的行为；那么，自己的心便能与菩萨恒常相应，孩子也自然能够健康、平安、智慧。它来自于两方面的影响与结果：一种是自己的"心"，自己的"行为"、"意识"

的力量确实影响、改变了孩子；另一则是善行感天，菩萨以及护法的善神，威德庇佑，来保护孩子，守卫孩子。

如果过继仅仅只是一个"名分"——将孩子过继给观音，而自己杀、盗、淫、妄，无所不为；孩子天天看着父母的"范例"，行为、心态也和父母如出一辙，一样杀、盗、淫、妄，那么，能够真的健康、长寿、福慧吗？这是有问题的——有问题的信仰，以及有问题的心态。

一类有问题的心态是：没关系！不管我做什么，菩萨都会保佑我！另一类有问题的心态则是，反正菩萨都会救我，我自己便不用做什么了！

两类心态都无涉于观世音菩萨，而源自于一种非常基层的宗教。这样基层的宗教又根源于更原始的依赖心态——人们在这种状态下，将依赖所有"有作用"的神明，而不止于观世音菩萨。

有用吗？

就宗教信仰的层面讲，还是有用！之于父母，他们以为，孩子已经过继给神了，神将照顾他，心里便恍然没有牵挂；之于孩子自身，因为知道自己是神的"契子"，自然生起信心，之于自己的安全更不恐惧。

幼年时，乡下的神庙中经常准备许多的锁片、链子或牌子，有人来"过继"，则系上一枚，挂在胸前。乡人们很是受用，以为一己的安全，全交给神明了；但是，就一个人整体的人格而言，却是不健康、不自主的。同时，就真正的民间道德而言，失去自主的判断、自主的能力，之于自我人格的发展，将是负面的。

观音信仰，其根柢，不在于成为观音的"契子"，甚至不止于持诵观音的圣号，更重要的是学习观世音菩萨悲济的精神。

正信佛教与民间信仰的差别

　　同样信仰观世音菩萨，正信的佛教与民间的一般信仰，究竟有何差别？

　　〈普门品〉出自于《法华经》，又与《法华经》的思想内涵，有何关联呢？

　　《法华经》是于王舍城的耆阇崛山（即灵鹫山）由释迦牟尼佛所亲口宣说的，于一切经典中别具崇高的地位。它指涉三乘归一，更指涉一切有情皆能成佛。也期许一切众生皆能回归佛的地位，到佛境界。

　　一部分的经典认为，有情修行的至高境界仅能是阿罗汉，而另一部分的经典则认为，有些众生永远没有机会接触佛法，永远无法成佛，也无法悟入佛法真髓。而由世尊所金口宣说的《法华经》，却清晰指出，一切众生皆有机会成佛，即使是出佛身血，陷害佛陀的提婆达多也不例外。这是个极高的层次与境界。

〈普门品〉强调，人只要有信心，一心持诵观世音菩萨，即使是五逆十恶，至大至重的罪业，也能够回转，仍能于未来成佛。仅要净念观世音圣号，一切困难灾厄，应有的业报苦受，即应时消散、应时解除——这样看来，观世音菩萨宛如变成了一个全能的神祇，将众生的所有问题皆包揽、解除了；相对地，则可能使人产生某种依赖心，而失去自我努力修持的"自愿"与"本愿"。

事实上，〈普门品〉与《法华经》的中心思想并不冲突。

以"起信"而言，〈普门品〉正是为了接引一些信心不足，生命、行为、心灵偏差，而处于非常困扰、烦恼和痛苦中的人。置身于这样泥泞般的状态下的人，直接告诉他们："你可以成佛！"——由于一己已是"泥菩萨过江自身难保"，因之，无论如何，也决计不肯相信自己能够成佛。但是，一旦"起信"，相信菩萨的救拔力量，之于菩萨具足足够的信心信念，自然，自己也会转变，向内凝聚起自我的信心，也能学习菩萨、模仿菩萨，放射出慈悲光芒，变成观世音菩萨的化身一般广济有情；如此，也就与《法华经》所揭示的"一切众生皆能成佛"的观念衔接、相应了。

表面上，观音信仰宛如与民间信仰十分接近，也很能结合——因为，民间信仰的特质即是，不管自己是好人或坏人，能不能修行，只要信神、求神，便能获得帮助、救济，也便能逢凶化吉。观音信仰恰恰在这点上与之交叠——意思是，只要持念观音，即可得到观世音菩萨的慈悲救拔，解决诸般问题。以致，即若是一般的民间信仰者，也愿意接受观世音菩萨。只要信，即能得救，这与西方的基督教，以及其他的宗教皆是相通的。因为容易，也因而广泛信仰，人人皆能接受，也皆能进入。

由于，这个层次的人于我们的世界中占绝对多数，为"起信"故，也开启了观世音菩萨普度众生，广摄众生的特殊方便法门。唯愿有情于蒙受接引后，当真正解厄、平安、获益了，便能一点一点，慢慢接触正信的佛法，深入佛法的精义，而能更进一步自民间信仰的层次提升，开发一己的智慧，发挥一己的慈悲精神，圆成一己的菩提种性。终极点，所指涉的仍是《法华经》的精神——一切众生皆将成佛。

　　观世音菩萨，看起来人人皆能接受；慈悲，也是。它并不是超过人，而是根植于人性人心中，之于所有人类皆弥足重要的生命准则与品质。所谓"大慈大悲，广大灵感，救苦救难"——人类永远于苦难中渴望着一种无限的慈悲、涵容与抚慰。理解观音，学习观音的本怀，人人也自然可以具足如斯的心性品质，成为观音的诸多化身一样，协助、慈悯于所有同体的有情。

观音法门的真实义涵

　　观世音菩萨与中土因缘甚深，许多人也特别喜欢信仰观世音菩萨，自称自己所修、所持的是"观音法门"。但是，"观音法门"的真实义究竟是什么呢？它的内涵与观修要点又是怎么样的？

　　"观音法门"包含两重意义、两重法要——其一、涉及观世音菩萨修行成佛的独特法门。过去远劫以前，即有一名"观音古佛"，以修行"耳根圆通法门"，而究竟证成佛果。以是，一代一代，教他的弟子也修习"耳根圆通法门"，入佛深智。由观音古佛所教导出的弟子也便依他独持的修行法门，名为"观世音菩萨"。

　　《楞严经》中提到"观音法门"的特性，即是"闻"——用耳朵、耳根闻声。闻什么声？这个声音不是外在的声音，也不是音响的声音，而是收摄心意，

"反闻"声音的自性，以及一切万法的自性。万法的自性即是"空性"，也就是说，现下所有的一切万法、万缘，皆是因缘生，因缘灭。自性本空，没有一样是真正永恒、不断、不灭、不坏的自性，因此，称之为"空性"——反闻，闻空性。闻见空性，了悟空性，实证空性，即与诸佛的智慧圆满相应，而能证入诸法实相。这即是"耳根圆通法门"，这项法门是观世音菩萨于观音佛座下所听闻的修行方法，观世音菩萨依此修习而成就，因而，于楞严会上向大众揭示，为佛所特别赞叹嘉许的法门，因了其中特殊的善巧利捷。

"观音法门"的另一重意义即出自《法华经》——观音，意思是，能以耳朵听闻声音。三千大千世界，一切有情众生的种种声音，苦声音、乐声音、悲声音、喜声音……，种种类类，各式各样的众生声音，他都能于同一顷刻、同一时间内，刹那听闻，而普遍施以救拔。即使苦难的众生根本不知向谁求救、请谁悲怜，观世音菩萨亦能以他独特的"心闻"，了了遍知；以一尊变现为千百万亿化身，抵达个别众生的每一处方所、每一个地方，加以济拔。"普门"意即，普遍大开慈悲之门——于时间上、空间上，永远普遍开出这样一所救赎的大门。由于他"闻声救苦"的特质，即称为"观音法门"。

由是"观音法门"依据两部经卷，囊括了两重法要——一是自我修行的法门，另一是悲济众生的法门；前者是自利，后者是利他。

自利，即修持一己的耳根圆通，圆满觉慧；利他，即普门示现，救苦救难，广修悲济。

自利利他的七种法门

观音法门涵盖两则心要——自利与利他。往内，圆修智慧、净觉解脱，即自利；向外，普门示现，悲济救拔，即利他。

之于一般初机，又该如何入门？如何起修？如何契入呢？

法门一共有七种：

第一、《楞严经》的耳根圆通法门。

第二、《心经》的照见五蕴皆空法门。

第三、《法华经‧普门品》的持名法门。

第四、〈六字大明咒〉，也就是诵“唵嘛呢叭咪吽”的修持法门。

第五、〈白衣大士神咒〉。

第六、《延命十句观音经》。

第七、《大悲心陀罗尼经》的〈大悲咒〉修持法。

倘若再加上〈准提咒〉，即是八种法门。准提菩萨，也即是观世音菩萨。由于它是另一体系的修持系统，此处将不并入讨论。

七种法门中，《楞严经》的"耳根圆通法门"，和《心经》的"照见五蕴皆空法门"，是直契佛智、究竟、解脱、自在的法门；也是两个更深细、微密的法门。

《楞严经》的"耳根圆通法门"已于上章做过概略论述。由于本书将采取"由浅入深"的介绍法，我们将把《心经》的"照见五蕴皆空"保留至最后，而从〈普门品〉的"持名法"开始。

一、〈普门品〉

〈普门品〉的"持名法门"，顾名思义，即是持诵观世音菩萨圣号，一心皈命，心心念念，相续不绝。无论何时何地，总与圣号常相左右，常诵、常念，恒相不离。

二、〈六字大明咒〉

〈六字大明咒〉亦然。常诵"唵嘛呢叭咪吽"六字。此六字表征了观世音菩萨利益六道的智慧慈悲，是蒙藏喇嘛的化区，一般信众恒持、恒诵的神咒。

三、〈白衣大士神咒〉

〈白衣大士神咒〉与《延命十句观音经》源起相近，皆源于一个人于生命"当死"、"必死"的隘口，于焦煎荼苦、危迫万分之际，夜梦僧侣、异人或神灵，告以经文、句偈，嘱咐持诵千遍、万遍，即可消灾解厄、逢凶化吉。由于生死交关，那人醒后，也便立即誊写下经文，依着指示，一遍遍念着；念至最后，果然灾厄消解。为感大士恩德，又依此誊抄下来，流布世间。咒语便这样，因灵感灵验，而广为流传，普遍持诵了。

〈白衣大士神咒〉，于梦中所示显的，即是白衣大士像，依此命名、流传，它的咒语是：

南无大慈大悲救苦救难广大灵感观世音菩萨

（三称三拜）

南无佛、南无法、南无僧、南无救苦救难观世音菩萨。怛垤哆，唵，伽啰伐哆，伽啰伐哆，伽诃伐哆，啰伽伐哆，啰伽伐哆，娑婆诃。天罗神，地罗神，人离难，难离身，一切灾殃化为尘，南无摩诃般若波罗蜜。

寺院、佛堂，以及善书结缘的处所，目前皆有〈白衣大士神咒〉。于一张张的纸上，印着白衣大士像，底下有一个个圆圈圈。意思是，每念完一定的遍数后，圈点一点。通常，须在家里设一座佛坛，供一尊佛像，于佛前诵念。

首先，先称念"南无大慈大悲救苦救难广大灵感观世音菩萨"之后，一边念一边拜。三念三拜之后，采起跪姿，向着观世音菩萨圣像跪念；自然也可以坐着持诵，或立着持诵。每诵二十遍即点一个圈圈，六百个圈圈点满，即是一万二千遍，也即是一个愿。一愿念完了之后，如果没有感应，则再两个愿——再加一万二千遍，两愿感应仍未显现，则再增三个愿、四个愿、五个愿……，一直持续念下去，最终，感应一定会呈显。业障重的，约略一个愿，大概难以感应。业障轻的，一个愿即容易感应了，有时甚且毋须念满一个愿，感应即生。所谓"业障重"指的是过去累世所积淀的恶业重罪，如山一般，障碍着修持。因此，要不断、不断地念，不断、不断地净化。因而，也有人如是发心，数十个愿，数百个愿，数千个愿……，恒持不辍地念下去。其一，则渐渐滋长一己修行的信心、信念；另一则于清净心中感应渐次呈显。

念毕了，满了愿，灾厄消除了，即又发心再印一千两百张，与大众广结善缘。因此，于民间广为流行和普及。但是，更积极的作法，应是有了感应"起信"之后，则应开始修持佛法、理解经典、入佛智慧。应多印观音菩萨的教典，以及诸佛教典，进一步启开教门。

从最末的"天罗神，地罗神，人离难，难离身，一切灾殃化为尘"诸句，不难看出〈白衣大士神咒〉，蕴涵了民间信仰的层次、成分和色彩，近于佛道的相融与掺合。

四、《延命十句观音经》

《延命十句观音经》出自于《高王观世音经》，是《高王观世音经》的精简本。《高王观世音经》则缘起于五代高欢国王时，有一看守库藏的"宝藏官"孙敬德，犯了重法，囚禁待斩。和〈白衣大士神咒〉传承相似，在梦境中，梦见一名僧侣，告之以《高王观世音经》。辗转传至刘宋，则精简为《延命十句观音经》，将原来繁复的经文，精简为仅有十句，即：

观世音，南无佛，与佛有因，与佛有缘，佛法相缘，常乐我净，朝念观世音，暮念观世音，念念从心起，念念不离心。

《延命十句观音经》于我国已经失传。这是我于日本禅宗的寺院重新请回的。过去，我只晓得，禅宗重视《楞严经》和《心经》。〈楞严咒〉和《心经》皆是禅门每日必诵的功课。但是《延命十句观音经》呢？倒从未曾听说过，怎么会是禅门念的？

细思下也不难了解，于禅宗寺院里，它成为一种补助的修行法门。如前所述的，当修行者业障深重时，他无法采取"禅"的方法修持。一修，即产生种种障碍——不是病，即是痛，或发生种种人事、工作、环境、情境上的障碍与困扰。《延命十句观音经》则应时成为一个补救法门。"延命"的意思，第一、延续一己肉身肉体的生命。第二、延续佛法的慧命。

禅修的人，于第一个阶段，自己无法依禅修的方法修行，则诵这十句偈，不断、不断，持续地念，直到病苦、业障一一消解。"身安"之后，更进一步"道隆"，更进一步"续佛慧命"。

何以这短短的十句可以"续佛慧命"呢？

因为这十句中，包括了佛、法、僧，遵从佛、法、僧，也就皈依了三宝，成为虔诚的佛教徒，学僧、学法、学佛，终抵于"常乐我净"的清凉净土。这和仅念观世音菩萨圣号的，毕竟大大跨进了一步。因之，可视为正统、正信佛教的一种方便法门。修行此法门的人，毕竟皈依三宝，成为正信佛教徒。由此可以开展、延续一己以及佛法的慧命。

由是，相当于中国清初的日本江户时期的白隐禅师，为了弘扬此经，编写了一部《延命十句观音经灵验记》。近代日本著名的禅匠原田祖岳,也写了一部《延命十句观音经讲话》。依此,也不难解释,日本禅门何以将此十句偈做为禅门日诵的原因。

五、〈大悲咒〉

〈大悲咒〉非常非常地普遍,属于《大悲心陀罗尼经》。此咒为过去九十九亿恒河沙诸佛所说,观世音菩萨于千光王静住如来处听闻传授。彼时,观世音仅是初地菩萨,一听闻此咒,立即顿超八地,心中寂悦,发誓弘布此咒,利益、安乐有情。虔诚所感,立时应愿,具现千手千眼。

那么,〈大悲咒〉的内涵是什么呢?

它涵盖了观世音菩萨的圣号,也涵盖了观世音菩萨以及诸佛菩萨不同的面相、智慧、威德与功德。由于它的力量非常强大,灵验不可思议,因而,被称为〈大悲神咒〉,历来持诵得极广极众。据说,持此神咒,即使十恶五逆,极恶极重的罪障、业障亦能冰消瓦解,一概涤净。而且,"必然满愿"——无论持咒者祈求什么,愿心俱能成满,从最基底的远离病难,长寿丰饶,乃至于圆成佛道，圆成佛果。

"不懂它的意思，这样念有用吗？"持咒者可能会生起这样的疑惑。

当然，咒语本身即包含了菩萨的功德、愿力与加持。所依据的即是"一种声音的感应"，因此，特别保留了它梵文的原音。依梵文而诵持，不加以翻译。

可以说"释迦牟尼佛"，就是一个咒语；"阿弥陀佛"也是。它们都保留了梵文原来的音色、音韵。

咒语，在梵文中，并不止于声音，而有它自身的意思。〈大悲咒〉亦然。只是意思并不如是单纯，不可以一句直译成另一句，通常涵盖多重的意喻。因此，能了解极好；不能，也毋须里碍！它本身即是一种"声音感应的法门"，修持者仅要循着它梵文的发音，精勤持诵即可。不妨为自己设个定限，日日持诵，满限为止，做为一己修持的准则。

如吸音板的耳根训练

观世音菩萨由于修习《楞严经》的"耳根圆通法门"，证入诸佛智慧、妙觉本体。我们又该如何修习、契入这个法门呢？

"耳根圆通"是个高深的修行法门，在进入这个层次之前，首先，我们应学习做基础的耳根训练，使我们能于修行的时候，透过声音，使心灵安静、稳定下来。

一、基础的耳根训练

初步的，该听什么声音呢？

鸟的声音罢。清晨醒来，于森林、公园中，一面呼吸新鲜空气，一面聆听各种鸟类鸣唱婉啭，心神便能感到愉快、安悦，宛如身与心都沐浴了、都涤净了、都透亮了一般。那么，烦躁的心便能沉淀、平静下来。这样的鸟音，如果在都会中，无法透过自然获得，也可以使用现成灌制的 CD 或录音带。

但是，鸟音由于总是吱吱喳喳、鸣啭起伏个不停，仅能带来安静、开朗、明亮的感觉，却不能入定。

那么，便听雨声吧！不是狂风暴雨，也不是倾盆大雨，而是带着一点点风，*丝丝微微*，仿佛打在芭蕉叶、树叶上的声音，沙沙沙沙，静静凝凝，很规律、持续、统合的节奏，自然较之于色色的鸟鸣声，更容易静定下来。

然而，倘若风雨夹杂，一阵一阵，时强时弱，时快时慢，时大时小，由于声音变化急速，初学者即可能追随着它倏起倏跌，使心变得浮动。

于是，即听水罢！寻找一条河流——不是大河，而是小河或小溪。坐在河畔，或坐于跨越在小溪的桥上，闭上眼睛，以耳朵聆听。水的声音，哗哗哗哗，川流摇摆，永远持续同样的节奏与旋律。你坐一天，一天的声音完全相同；一夜，也是一样，持续川流。这能带着你忘掉自己，也忘掉环境，甚至于忘掉水的声音，心便会渐渐融入水音中，进入统一的状态，内外静寂，可能因此入定。明朝末年的憨山大师，一日无意中坐在桥墩上，聆听水声，他坐着，便这样，忘去时间，忘去周遭，忘去一切身心世界，一坐好几个时辰。出定醒来，心想：奇怪，恍如刚刚才坐下来，怎么便过了那么悠长的时间？

不妨学学憨山大师，也听听水。但是，必须注意安全。坐在桥上，太专致了，一不小心，便可能翻落水中，造成危险，而在入定之后，万一天候改变，造成倏来的风雨，由于缺乏照顾，也将显得危险——除非你是在一座面向河流的屋宇内。

这是初步透过声音使得心灵获得安静的简易方法。每一个人皆可凭着自身独特的经验，发觉、开展适合自我的形式。

前三者的耳根训练，是静态的，可以依自己选择环境；但是，在现实生活中，在无法选择的嘈杂情境中，又如何利用声音抵达心灵的平静呢？

二、将耳朵变成吸音板

其实，于心烦意乱或愁恼悲苦的时刻，无论我们是躺着、坐着或站着，就是将眼睛闭上休息，仅仅用耳朵来"享受"。我们的环境与情境中，一向充斥着各式各样、层出不穷、琳琅满目的声音，此时，不要用耳朵刻意听什么，所谓"享受"，就是让它自然而然送过来，有什么声音就是什么声音。送过来便接受它，并不主动地寻找声音，只是被动的，如同一只吸音板一般——声音到了板上，音就不见了，并不积淀、储存于板上，也没有反弹的作用。倘使有反弹的作用，那便不名为吸音板，而是"回音板"了。

练习将我们的耳朵变成一只吸音板，便这么听着、听着……，大的声音不要抗拒，小的声音也不用拼命去追。只是这样听着，听到多少算多少。最重要的，不要给它任何"定名"，比如说这是女孩的叫声，男孩以粗话骂人，狗在这边吠，猫在那边吵……，也可能鸟啊、鸡啊、牛啊，乃至于汽车声、喇叭声、电视、收音机、摩托车、冷气机等各种各类的声音都一齐充斥涌动，但是，不要给予任何名字，也不要分辨它。维持自己仅是一只"吸音板"的角色，不寻找、追随声音，也不得与声音做回应。

吸音板自身是安静、没有声音的。声音到了这里，自然不见了。为什么不见了？因为我不产生第二个念头，在想："那是什么声音？该用什么方式回应？"人家用粗话骂你，不要回应，因为我是个吸音板；人家以甜言蜜语阿谀你，也无庸反应，因为，我是个吸音板！

只是了了分明，知道这是甜言蜜语，这是粗言恶语，这是欺骗的谎话……，晓得这个声音是什么，却在心里不给它回应，那么，便是一个真正会用功、会修行的人！

如此，外境种种喧嚣、嘈杂，种种有毒素、不卫生的声音皆不能污染、刺激、挑逗、诱惑你。随时随刻，你将是非常自在的，因之，我称之为"享受"。

人们总是希望能享受优雅、优美的声音，那令他们感到快乐。而我要说，练习这个法门的要点，只是以耳朵倾听，心中不生起任何情绪，无论是痛苦、忧愁或兴奋、激动，甚至连快乐都不要有。不反应，其实即是一种很宁静的愉悦。

那么，记住罢！成为一只吸音板，于众声喧哗的现实中，你将是一个善于安顿、自在，而没有压力的人。

以上是初步修行音声法门，可以入浅定，可以避烦恼，但尚不能开智慧，不能得圆通。

《楞严经》的耳根圆通法门

现在要介绍《楞严经》的耳根圆通。在《楞严经》卷六，有如下的一段经文：

> 于时有佛出现于世，名观世音。我于彼佛，发菩提心，彼佛教我，从闻、思、修入三摩地。初于闻中，入流亡所；所入既寂，动静二相，了然不生。如是渐增，闻所闻尽；尽闻不住，觉所觉空；空觉极圆，空所空灭；生灭既灭，寂灭现前。忽然超越，世出世间，十方圆明，获二殊胜：一者上合十方诸佛本妙觉心，与佛如来同一慈力；二者下合十方一切六道众生，与诸众生同一悲仰。

还有两句经文也极重要："反闻闻自性，性成无上道。"

一、耳根圆通法门的两个层次

《楞严经》中的观世音菩萨耳根圆通法门，是透过耳根成佛的境界，也是耳根修持的至高法门。它包含了两个层次：

第一个层次，观无声之声。 禅定之中，有一种境界，名为"光音无限"，出现于禅定初期，未入真正的禅定前，此时，会见到柔和清净的光明，会听见一种平稳悦耳的声音，可以称之为"元光"或是"天籁"，它是由内视及内听的功能与宇宙频率的交感所得的反应。

通常，它发生于打坐渐深，渐入定中的状态。初初聆听水声，水，水，水，水……，逐渐水声消逝，听不见了，自己与宇宙合而为一。周遭声音一概不复听闻，那时，宇宙之光及宇宙之音即会显现。

这个光和音非人间可以形容、制作的，唯有在禅修中始能目视听闻。它与平常所称的日月星灯之光及天籁是不同的。

经文的"初于闻中，入流亡所"。是由能闻的我耳，闻所闻的声音，深入之后，便不再感觉有所闻之境，也无能闻之我，超越一切，便合于诸佛的本妙觉心，也合于一切六道的众生，便进入了第二个层次。

第二个层次，即是"闻所闻尽，尽闻不住"。那便是"反闻闻自性"。一般人用耳朵、耳根倾听，因此，总是往外的，听着外面的声音。"反闻自性"，却是完全放下耳根，向内听闻"自性的声音"。

一般人一听到"向内听"，便误以为是听"五脏六腑"的声音。

不是。打坐时，于阒寂中，我们的确可以听见脉搏、心跳、肠胃，以及内脏蠕动、血液流动或气脉浮沉的声音；它是我们身体的运作、活动中自然的机能，不要老是注意它。因为心念注意时，全身的力量便集中过去，那个地方就会发生问题，因此，务必谨慎！至于天台智者大师说，若为治某一部位的某一种病，可以专心专注该一部位，必须观想该一部位的病症，逐渐消除于无形，不是专注该部位的触觉。

由于"自性"无形无体，所以也无声可闻。

自性无声。意思是，这一阶段，甚至连宇宙之声都不要去听它了。因为，连宇宙之声皆是外在的。"反闻"，即是彻底放下耳根，放下一切一切有形、无形，可以让我们依靠、参与、捉摸、把持，定名为"我"的东西。自性，即众生本具的空性，也是每一个人本有的佛性。

所以"反闻闻自性，性成无上道"。亲闻那个自性，便能成就无上的佛道。当进入了"闻自性"的层次，行者在时间与空间中，却又超越了时间与空间的执着，也超越了另一种"将时间与空间当成自我"的微细执取——佛法就是要否定自我的。所谓"否定自我"，并不等于"没有自我"，而是"不要执着自我"。因此，是超越自我，而不离自我。行者经此"入流亡所"、"反闻闻自性"的修证过程，彻底破除了深细我执，认证了本体佛性。所以经文要说："觉所觉空；空觉极圆，空所空灭；生灭既灭，寂灭现前。忽然超越，世出世间，十方圆明。"

特别要提醒的即是"自性"一词。我们总是说"水有水性，火有火性"，但是，这不是"自性"，任何一样东西，它的组织成分皆必须与因缘配合。因缘一变，它的成分与形状，也就随之改变了。因此，称为"无自性"。"无自性"并不是否定了一切物性，仅是了解其中的幻化、不真，而无终极执取之物。

如此，耳根圆通的重点，也仅是"破执"——契入空性，破除生命万相的执着，而自在解脱于一切情境中。

二、从生活中听闻自性之音

自然，欲认证空性、契入空性，并非唯有"耳根圆通法门"。中国禅宗修行者所谓的"开悟"，所"悟"、所"认证"的，假名为佛性，其实就是"空性"。其中的"明心见性"，所明的心是无漏的智慧，所见的性，也即是空性——在有情众生称为佛性，在非情的诸法称为法性，也可总名为真如实相。能够见到空性的，即是大智慧心，即是《楞严》的"本妙觉心"，即是《心经》的"般若"。能够"行深般若"，便常在大智慧中，便证本具的佛性，便能够"度一切苦厄"，使自我与他人皆能拔除因执着所引起的种种烦恼无明。

虽然，并不一定必须使用观世音耳根圆通法门始能契悟自性。但是，由于我们日常便生活在声音与耳根的世界中，倘能善巧使用耳根，于静态的环境中，聆听鸟声、雨声、水声；而于动态、嘈杂的情境中，练习使一己成为一只吸音板，工夫渐用渐深，进而会通观世音菩萨的耳根圆通法门所揭示的"入流亡所"、"反闻闻自性"，那么，声尘，将不止于干扰，而是协助修行、开展修行，使我们冥入自性，证入本性实相的途径。

"但是，《法华经》中不是说，观世音菩萨不是听海潮而悟道的吗？"曾有居士好奇地问到。

的确，〈普门品〉曾经提到"妙音观世音，梵音海潮音，胜彼世间音"，意思是，梵音海潮音，是超胜一切世间所有声音的。自然，也不是世间的音声。"梵音"即是来自清净、无为、无我、不执着的佛性。它可以听得见吗？不能。不是以耳朵听的。"海潮音"即是说，梵音的力量巨大，如同海潮一般，绵绵不绝流灌世间，只是我们听不到。倘若听到，那么便真正听到无声亦无生的佛法、闻见真如佛性的消息了。佛弟子们所谓的"梵音宣流"所指的即是如海潮一般丰沛流灌、泽润有情，使悟自性，使证空寂的佛法。

因此，梵音、海潮音所指的，仍是"自性之音"；它所修行的，仍是观世音菩萨证悟佛性的"耳根圆通法门"。

三、一门通，一切门通

《楞严经》中世尊为了使众生悟入自性，便请二十五位菩萨各自叙说他们"发明心地，悟觉本体"的方法。其中，每一位菩萨依据自我根性的不同，都各自发展、经验出不同的"圆通法门"。也就是说，二十五种法门，任何一门修持成功，都叫作"圆通法门"。一门通，门门通。我们经常如此比喻，譬如房间一共有五个门、或四个门，进来时，你只能走一个门进来，而不可能同时一个人从五个门进来。当然，如果我们希望通过或了解这五个门各自不同的状况、特质，自然可以一次又一次地、重复五次，分别从五个门进来，五个门经验，但是，这是一件迂回而又疲惫的事，我们可能消耗了大量的心力、时光，而未曾掌握启开任何一扇门的关键与诀窍；也因而，从未曾进入其中的一扇。因此，修行，必须一门深入。从一扇门里直接进入，这是至为善巧、速捷的途径。一扇门进来以后，每扇门都是相通的，这名为圆通。

　　一门通，一切门通。自性里面并没有门，只有悟入自性时有修行的法门。修行时有方便门，悟入了即没有门，所以《楞伽经》说无门为法门；有门可入是方便，无门为门是顿悟。《楞严经》的二十五种圆通，修行时是方便，一旦修成，"空所空灭"与"寂灭现前"，就是亲证圆通，也是顿悟自性。所谓圆通，这即是"圆满"、"共通"。因为修耳根圆通的观世音菩萨所悟的本体自性，跟其余二十四位菩萨并无不同；都是完全相同的真如，并没有第二个。

四、以耳根掌握观音智慧

　　世尊特别赞许观世音菩萨的"耳根圆通法门"，以为至为"当机"，最适合大众修习，唯因耳根最为善巧聪利，无论远近、方所，有没有阻隔，对不对境（声音来时，固然可以听见，没有声音时，也可了知无声）都可以闻听，即使在睡眠时，仍未完全丧失它的功能（梦中听见打锣，醒来时，仍可依稀记得，昨夜恍然有人在打锣），因此，特别期勉行者善用耳根，掌握观世音菩萨的智慧。

观世音菩萨从初发心开始，即追随"观音古佛"修行。观音古佛所传授的，即是耳根圆通法门，因为是一门"观察声音"的法门，因此，圆成了，也名为"观音菩萨"。观音菩萨的传承如此，因此，你、我，以及每一位有情，倘若也依持耳根法门修行，成就了，将来，也是一尊观音菩萨。

人人都可能成为观世音菩萨。即使仅只是单独持念"南无观世音菩萨"、或〈白衣大士神咒〉、或〈大悲咒〉、或〈大明咒〉、或《心经》、或《延命十句观音经》、或《楞严经》的耳根圆通法门，都是修行观音法门，只要成功，也都是观世音菩萨，都可以一边修行，一边自利、利他，以智慧、慈悲心协助自己，也协助他人。

我自己，是修观音法门的；方式很简单，仅只是念观音、拜观音，心中恒常有观音。也依此，劝大家一起念观音、拜观音，常于心中见观音。我如此一个普通的凡夫，只能以自己修行的法门，劝导大众共同发心修持观世音菩萨的法门，自利利他。经由自己，观世音菩萨悲智的力量——他的梵音、海潮音也从此传播、弘扬出去；那么，就某一方面说，自己也代表了观世音菩萨；

肯以此发心修持，实践观世音菩萨精神的每一个人，也都是观世音菩萨的化身了。

而观世音菩萨的精神，即是利他。从初发心开始，一直到成为圣位的菩萨摩诃萨，乃至"性成无上道"的观音佛，皆以利他为着眼，布施种种方便的法门，利益群生，所以观世音菩萨是大施主，称为施无畏者。

在这册书中，一共介绍了七种观音法门。但是，却涵纳了无量无数的法门，如同七株根部相连的大树般，各自铺展出无数的花果枝叶，而不同的人也就依此得到不同的感应和利益。大乘佛教传播的区域中，无论汉传佛教或藏传佛教，都传播着以观世音菩萨为核心的修持法门。汉传系的大乘佛教，传遍东北亚乃至东南亚，也都广泛地流传着观世音菩萨的修持法门。

七种法门，唯有《心经》与《楞严经》至为透彻、深入，能入佛心髓，抵达真正的圆满。其余的，自然也不能说不圆满——倘若持〈大悲咒〉及观世音圣号等，不以自我中心的自私心修持，而能以寻声救苦的大悲心来持诵，念念熏习，也都是悟入自性成就无上菩提的法门。

七种法门，即使仅是持念一句"南无观世音菩萨"，也是无上法门，重点在于持之以恒，深心相续，以觉证自我、自利利他为究竟圆满。如此，门门道道，皆是无上法门，皆是观音手眼。

〈大悲咒〉与《大悲忏》

　　之于经忏，自己一向抱持着一种既复杂、又矛盾的
情感。从小，自一落发剃度，成为一名小沙弥，我便也
就是一名念经拜忏的"经忏僧"了。于狼山，每日醒
来，固然要念佛拜忏；到了上海的"大圣寺"，那更是
一个纯粹的经忏道场，每天夜以继日地，只是忙着为施
主家增福延寿，为超荐亡灵而诵经、拜忏、放焰口，再
也没有任何读书的时间与空间。

　　在上海赶经忏的那段时间，有了深深的感慨，即佛
教界人才奇缺，为死人超度的经忏僧每每皆是，能讲经
说法、契入佛理、化导迷俗的，却如凤毛麟角。我于是
要求师公上人，让我出去读几年书。就这样，成为上海
静安佛学院的一名插班学生。

　　然而，即若是在静安佛学院，在物质非常艰难的窘

迫中，学僧们也必须兼做经忏佛事，来维持学院的生活费与教育费。

我一方面痛恨经忏，恨它使得佛法窄化、堕落，沦为某种虚有其表、浮滥不实的商品模式——仅为超度死人、亡灵、鬼神而用。

将佛法简化为"经忏"，而汲汲营营。徒然代表了"法"的衰微，及僧才、僧格的堕落。

然而，另一方面，我因为不断拜忏、持咒，经由佛菩萨的慈悲加被，而不住地跨过困厄与障碍，我更深刻地体验了忏法中所具有的不可思议的"洗涤"与"净化"、"悔罪"与"拔赎"的力量——透过忏法，行者的确可以涤净累世累劫，由于人性的无知无明、恶质杂质，以及瞋痴爱恨所积淀的业力障碍。

一、〈大悲咒〉与《大悲忏》

经忏，包括的种类繁多，以观音为主的《大悲忏》仅是其中之一。

但是，〈大悲咒〉与《大悲忏》是不是一样呢？两者究竟有何关联？又有何差别？不少初入门的佛子都会涌生这样的困惑。

　　〈大悲咒〉与《大悲忏》，两者系出同源，皆出自《大悲心陀罗尼经》。"陀罗尼"，即"咒"的意思。〈大悲咒〉即是千手千眼观音于这部经典中所宣说的无上咒语，也就是千手千眼观音的根本咒。它一共包含了八十四句，四百一十五字。

　　《大悲忏》则是相传为世尊幼子"罗睺罗"化身的宋代知礼和尚，根据这部《大悲心陀罗尼经》为主体，所发展、编写、制定出的仪轨。它包含了〈大悲咒〉，以及经典的核心思想，同时，也涵盖了安置道场、结界、供养、入忏、启忏，以及忏悔、观行的种种程序和仪式。诵一个〈大悲咒〉仅需几分钟的时间，拜一部《大悲忏》则往往需要两个钟头左右。

　　《大悲忏》是一类"忏门"，也是佛法中的"事门"，是透过"事相"、"仪轨"的形式，透过声音、梵呗、庄严的道场、虔穆的信众，所集体共同震荡、共同表彰的宗教情感和宗教情操。依此，它也是一项"共修的法门"。

二、共修与独修

为什么一定要"共修"呢？只要够虔诚，难道不能一人随时随地独修、独忏吗？也许，会有人也生起如是的疑惑。

这是由于人的念头总是一个接一个，如野马一般地飘忽、闪动，因此，独修、独忏，则须具足一定的专注以及摄心的能力，行者必须对自身有十足的信心与把握，能够察觉到一己意念、意识的散动、浮想，立即将它收摄回来，回归于当下的忏文、忏仪中。早期，于高雄山寺中的禁足、闭关中，我个人即是采取独修的方式进行《大悲忏》。由于它要求了高度的专注与禅定，因此，并非初修者以初始的散心、浮心可以做到的。依此，格外需要练就一番修行的工夫与素养。

采取"共修"于初学者格外得力，唯因"木头总是跟着木排跑"。一根木头，可能在汹涌的河面东奔西窜，不知漂向何处；一排又一排的木筏，牢牢绑紧，则可能井然有序，片毫不失地安全抵达彼岸。这便是"依众，合众"的善巧方便。首先，它举行的地点，是一座清净、庄严，而宁静、安详的道场。人们一进入道场，也便自然地摄心庄穆起来。同时，在拜忏的过程中，由于梵呗、唱诵、仪轨不断持续举行着，即使心念偶尔流转、飘忽、岔开了，也不可能完全中断、停止下来。且由于"木头总是跟着木排走"的巨大凝聚力，一个飘闪的妄念，根本敌不过百个、数百个，甚或上千个虔心专注的力量。因此，妄念瞬即打散，又融入强而有力的"共忏"主流中。

由是，你忏悔，他忏悔，我忏悔……，集体的氛围，带来相互的震撼与交响；那忏悔，即如一股气势庞大的洪流般，能够发自心底的，涤净一己内外的垢恶与罪障。

忏悔，唯有在真正的虔诚恳切中，才能发生作用，也才能具体转变身心。散心浮动，则不易获得拜忏的效果。"共修"则相对地，以集体的力量，转化了个体所可能有的散乱、疲怠，而能倾全副心意地，达到"拜忏除障"的目的。

这是为什么世界各大宗教都采行类似的集体祈祷、礼拜和诵赞。唯因他人的虔诚，总是能唤醒自我的虔诚；他人的惭愧，也总能提醒一己的惭愧；而他人的善好，也总能激发自体的善好。以致，感应道交，在相互的辉映与激荡中，不仅在情绪上，也在具体的感受、经验上，真真诚诚地检省，也真真实实地忏悔、净化了。

三、观音证觉的慈悲般若

自从宋代知礼和尚制定《大悲忏》忏仪，《大悲忏》法会即成为汉地通常流行，且普受欢迎的观音法会。然而，虽属于忏门，它的内容，并不仅仅于消极的忏悔，也不仅止于个人的消灾祈福以及现世利益。做为一部"观音法门"，它指涉了观音证觉的般若与涅槃，也指涉了观音的慈悲与方便。行者入忏的十大愿文，分别是：

南无大悲观世音——愿我速知一切法；
南无大悲观世音——愿我早得智慧眼；
南无大悲观世音——愿我速度一切众；
南无大悲观世音——愿我早得善方便；
南无大悲观世音——愿我速乘般若船；
南无大悲观世音——愿我早得越苦海；
南无大悲观世音——愿我速得戒定道；

南无大悲观世音——愿我早登涅槃山；

南无大悲观世音——愿我速会无为舍；

南无大悲观世音——愿我早同法性身。

终极地，此忏的意义，仍在自我的悟觉与拔赎。通过个我的证觉解脱，而发起与观音的慈悲相契相应的广大菩提心，以种种善巧方便、利益，也协助有情证觉法性。

四、逆行菩萨

除了拜《大悲忏》祈求消灾净业，在现实现世中，碰见坷坎烦恼、挫折障碍时，又该以如何的方法面对、涤净呢？

将所有妨碍、干扰、苦恼、嫉妒、厌憎自己的，都当作是"逆行菩萨"罢。

首先，最重要的，是不起瞋恨心。一旦有恨，则如同燎原之火般，对自己，难以处理；对他人，更难原宥。恨，仅会衍生更多、更难以控制、驾驭的问题。

其次，了解自己是一个凡夫、一个犹未抵达解脱道的平常人；他人也是，仍有许多人性的阒暗无明、贪瞋烦恼在烧燃、作祟。彼此，都需要更高的学习与调整。

这样看来，所谓的挫折、逆境，也无非只是修行"忍辱行"的时光，一段"炼心"与"调御"的过程，同时，一旦深明因果、深信因果，行者即能以更大的宽厚与慈忍，承担个人的业力与果报。针对逆境，汲取智慧与慈悲。

其三，该怎么处理的事，就怎么处理、怎么做。尽可能地"不以自我为中心"，而客观清明地审查状况，于"使社会成本减至最低、耗损最小"的前提下，协助自我以及他人，共同解决困境，降低伤害。

其四，倘若发现错误的肇始，不在对方而在自身，更该以迅捷的速度，立即订正，立即成长。同时，以感谢、感恩的心情面对一己的问题——毕竟由于那人的存在，使得自身才有机会看清自我心灵的"黑暗仓库"。

如此，"以情恕人，以理律己"——对他人用慈悲，对自己用智慧。一切的坎坷、逆境，自然化为智慧的泉源，也自行蜕变为慈悲的路径。

究竟《大悲忏》的意义，不仅在于拜忏那两个小时的涤净而已；更在于日常生活情境中，时时念想起观音的慈悲与柔忍，以之做为"净化"的楷模与行则。如此，"忏"才能在我们的生命内容中发生根本的意义。

五、佛菩萨修证的心髓密码

至于，不了解〈大悲咒〉会不会影响持咒的功德？乃至发音标不标准，会不会干扰了修持的力量？

陀罗尼，即"咒"，又称为"总持"，意思是"持善不失，持恶不起"——持了它，即可不失善念，不起恶行。它是诸佛菩萨修持得果的心要，也是他们独特的精神密码，日日持诵，长久熏修，自然能与诸佛菩萨"感应道交"。

它也是唐玄奘于译场中所提出的"五不翻"之一。"不翻"，就是不采取意译，直接使用音译。陀罗尼，正属于此五大项"不翻"的状况之一。

为什么"不翻"呢？

第一，它是秘密语，一种独树的密码，含藏了每一尊佛菩萨修证的心髓。同时，也是一类"音声法门"，直接透过音声的共振与佛菩萨相应、共感。是拍给诸佛的电报系统。

第二，陀罗尼的每一个字、每一个音，皆含藏了无量义。无论翻出哪一个，皆只是它的一个断片，也皆无法涵盖它的全貌，以及深广的指涉。因此，翻译永远是挂一漏万，残缺不全的。因而，不翻，始能周全涵摄所有。

正如我，圣严，这个字词该怎么翻呢？无论如何翻译，皆很难表达我个人的生命全貌。但若直接唤"圣严"，便很清楚了，就是指涉我这个人，而非其他。

所以，历来咒都保留梵文原音，采取直译。由于直接译音，自然随着各地区的口音、习惯与表达的不同，会有些微的误差。

然而，持咒贵在于行者的虔诚。只要一心专注，虔心持诵，诵至一念不生，便自然能感受到内在的定静安和，也自有心莲启绽。

要点，也仅是持之以恒，念念相续，不忘不失。将每一次的持诵，皆当作一次虔心的呼唤与祈请。

体解生命的元素——五蕴

一、认识五蕴

欲了解《心经》的"照见五蕴皆空"法门，首先，须先认识"五蕴"——"五蕴"是什么？

一部分人将"五蕴"误以为"五行"——"五行"，即是中国的金、木、水、火、土，它出自《尚书》，是中国儒家哲学的基本观念，后世道家哲学也广泛采纳其"阴阳五行"的思想。因此，也有人说"跳出三界外，不在五行中"，意即，离开金、木、水、火、土，离开了三界。

但是，"五行"是否即等于"五蕴"？两者之间的关系、界别究竟为何？

"五蕴"出自佛家的概念，代表构成"人"之生命的五个要素，即是色、受、想、行、识。

色，指的是有形的、具体存在的物质体。我们的肉体、鸟兽、山河、林木、屋宇、餐具等都是。五行的"金、木、水、火、土"皆可以涵盖在色蕴之内。因为，都是物质体，物质的元素。

色，有粗有细，有具象与隐微的。粗的物质体，眼睛可以看见，耳朵可以听见，可以用手触摸，也可以以身体感知。但是，微细的物质体，则较难以肉眼察觉，却仍具体而微地存在着，例如，微生物、病毒、细菌、原子等。

受、想、行三者指的是心理的功能——"受"即感受、觉受的"受"。受苦受乐，感觉忧伤、恐怖或失望。"想"即思考、思想、想像、念想、猜想。"行"指的是心理的作用，心理的变迁、变化、与流动。"行"的特质，即是"相续流转"——就是不断不断地变动、流转着，如后一水滴推动前一水滴一般，流转、变动个不停。

自然，我们的"念头"，也是"行"的一部分——因为通常是前念持续到后念，后念又被紧逐而来的另一念所盖过。念念相续，念念不已，一波又一波，不住流转，不住变动，如此一念一念串联下去，组成一种既连贯，又变动的心理行为。

精确地说，"受"与"想"都属于"行"的一部分——是流动的心理状态中，更明显，更容易被观照、觉察的部分。

微细的"行"，自己无法察觉，唯有在禅定中，可以感知。那刹那、刹那，极深、极细的流转、变动，了知这即是"行"的现象。

识，包含了三个层面——其一、是认识、认知；其二、是分析、辨别；其三、则指从前一生至这一生，从这一生到下一生，能够收藏、贮存生命种种行为、印记的一个记忆的"藏库"或"主体"。

二、如何"照见五蕴皆空"？

《心经》一起首即说"观自在菩萨，行深般若波罗蜜多时，照见五蕴皆空，度一切苦厄"——那么，如何"照见五蕴皆空"呢？

意思是，要以观自在菩萨一般清明、深湛、具有同样高度与深度的智慧来逐一地观察、分析、检视，以及体验构成我们生命，构成我们的宇宙、世界的这五个要素——一样一样地检验、体察身心结构中的物质状态与精神、心理状态。

第一个层次，首先观察我们的生命，由"五蕴"组合、结构而成。只要"五蕴"少一项，生命即不存在。然而，五蕴本身不离于"缘起法则"，皆依着时空的因缘不住变化、组合，并没有自性。因此，生命现象是虚而不实的，是暂时，而非永恒的。

第二个层次，进一步逐一仔细检视"五蕴"本身——

（一）色蕴

五蕴的第一项"色蕴"，指构成肉身的物质：肌肉、骨骼、头发、皮肤、血液、神经、指甲……，一切五脏六腑，凡是构成我们身体的物质，皆不离于"色蕴"；也即是佛家所称为的"四大和合"。

"四大"即指地、水、火、风四个元素。身体中固体的部分，通称为"地大"，即皮肤、骨骼、四肢、五官、五脏、神经等。流体的，称为"水大"，即血液、眼泪、唾沫、汗水等。消化食物，而产生身体的热量、热能，维持生命的供需，即是"火大"，体温即是。"风大"，即指身体内运行流动的气体，例如呼吸、放屁、废气的排除，以及气脉的循转。

身体本身恒常于新陈代谢中，变化不已；四大也是。我们饮食，而后排尿、排汗、排便……，一切缓缓变移消失。皮肤上的角质随着岁月，缓缓蜕落——无论清洗或不清洗，终将如是流失，如是变化。头发干萎、秃少了，牙齿蛀蚀、缺漏了——即使不提"五蕴"，光是"色蕴"便在日日地变化、流转中，更何况心理、精神的状态！

（二）受蕴

"受蕴"，通常我们将"受"，分为苦、乐、忧、喜、舍，五种状态。但，即使是非常深刻的"苦"，苦的程度也将在时光中有所变化，有所消长——譬如癌症的末期，是非常深剧的苦受，但是，打了一剂止痛针，痛的感觉消失了，苦的觉受变浅了……，于"苦"的自身，仍然有着细微的觉受的变化与挪移——即使是所谓"到底"的苦也是一样。"到底了！"那么意谓着下一波的苦将有所更生，有所转变。

苦如此，其余四种乐、忧、喜、舍，也是如此。皆不是恒定的，而是不住消长挪移，有深有重，有轻有浅，有上升，也有下降……。

即便是"苦"，也不可能置身于永远的高潮中，恒续不变。这，即是"受蕴"的本质——短暂、变动、游移。

（三）想蕴

"想蕴"，是一种观念、一种思考、一种想法，以及推敲。倘若把时间拉长，便不难发现自己思考的模式、思考的立场和角度，都在蜕变中。

这个早上，一名弟子整理了我数年来之于僧团的开示，依照日期一日一日，一年一年累叠排开。

"怎么不分类，还用编年体啊？"玩笑问道。

"这样做，是为了让大家阅读之后，了解师父思想的变化，从早期到中期到晚期，脉络清清楚楚……。"弟子回答。

经他一说，自己倒不好意思了，宛如过去自己讲话经常改变着，不算数似地。便笑着问他："这，是变得好，或变得不好了呢？"

"很难说变得好，或变得不好。就是说，在不同的时段，师父之于僧团弟子的谈话重点不一样……，可能体会不一样、感受不一样，强调重点也不同。同时，僧团的状况也改变了，人数增多，部门增加，环境不同，面目也不同。针对变化的情境，自然也有了改变、调整。"弟子说道。

的确，人的想法，思考的角度、方向、深度，皆会随着年岁、历练，有所更迭——可能成长，也可能衰退。两者，都是"想"的变化。

不变，就好吗？

最近，至荣总身体检验时，遇见一位老荣民。他一认出是我，便絮叨个不停，说的都是四、五十年前他当兵的环境、时代、情境。仿佛时代往前转动了半个世纪，他的想法仍停滞在五十年前一般。

但是，他的想法果真没有改变吗？有变，只是他自己认为没有改变罢了——当他在述说的时刻，其实，他已由目前的自己来选择，强化自己的记忆角度和观点了；和五十年前在军中的那名小伙子毕竟不同。

笛卡尔说："我思，故我在。"意思是，当你在思考、思想的时候，这个就是你。问题是，我们的思考恒常是在变的，年轻的想法与现在差距很多，昨日的想法与今天又有所差异，甚至每一分钟，每一秒钟，思考、思想的方向和重点皆在变化、推移。例如，心间很恨一个人，忽然想起佛法，又生起一个念头："不要恨下去，该慈悲他！原谅他！"这样，念头于刹那间即"转"过来，"变"过来。

所谓"心猿意马"，指的是"心"变化、奔驰、变改的速度。这个我们以为的"心"，所代表的即是"思"，即是"想"——既然"想"不住地改变，则"我思，故我在"——由一连串变化、不实的想法，所筑构的"我"，如是，也如泡沫一般，生生灭灭，变化不实。一样是空寂、了无自性的。

（四）行蕴

"行蕴"包含深与浅两个层次。浅地说，凡是心理作用，例如"受"和"想"皆含有"行"的成分和功能——因为"行蕴"的特质，即是"持续不住地转变"，是运行不已，又转变不止的。而什么是既流动又转变的呢？是心，是念。受也罢，想也罢，都属于心念的活动。因之，粗浅地讲"行"，则心理上的行蕴则

必和"受"与"想"同时出现。"受"的功能中含有
"行"的质素，"想"也是。

深一层凝观，"行蕴"可以是单独运作的，不一定
须与"受蕴"中的苦、乐、忧、喜、舍，或"想蕴"中
的思考、思想、推理联结运作。例如于睡眠中，当深睡
至无梦的状态，不与诸"心"，不与"受"、"想"并
行，但"行"——心理的持续变化仍然流动着，只是无
法察觉、无法记忆罢了。"无梦心"并不等于没有，它
意谓着"行"——心理的流动以更隐微、更难以觉察的
方式进行。

而在禅定的状态中，所谓"定的喜乐"——禅悦、
定乐中，那也有"受"，而此"受"则与"行"并现。
在更深、更纯粹的禅定中，倘若未出三界，未了生死，
则"行"必定还在。直到最高的定中，"受"、"想"
已经不存，但"行"仍然存在，并未离开"行"。

"行蕴"既然有深有浅，于时间上又包含"转变"
与"持续"两重意义，自然，其本身即是无常、不恒
持，而缺乏自性的。

那么，在"定"中呢？"行"可不可能仅持续，而
不转变？

不可能。即若在"定"中，行蕴也在转变中——出定、入定、深定和浅定，即代表着不同阶段的变迁与流动。

此世不可能含藏永远不变的东西，这个"心"，尤其不可能！能够恒持下去，永远不变的，就不是"心"了——不是我们的凡夫心、虚妄心，而是"真心"、"涅槃心"。

如是，受、想、行三者都是变化、无常的。"无常"故"无我"；"无我"，即是"空"——既是"空"的，就不是"真正的我"。

我们执持现象界的身体为"我"，感觉、思想为"我"，究其根柢只是"色、受、想、行"所投影出的心理作用。心理作用将"色蕴"中四大和合的假相肉身视为"我"，也将迁流不止的感受、想法、念头……，种种心理活动皆视为"我"，而迷头认影，以为它具体实存，而牢执不舍。

道理易解，但是，倘不以智慧深深参照、印证的话，下一刻，一旦我们遭遇不顺意的人事，听见逆耳的话语，立即又生气、忘记了——因为它并未形成经验，仅是一个知识、理论、概念，并不是真实的体验与经验。不来自于切身的验证，则不是真工夫。

（五）识蕴

"识蕴"，是个深奥的学问。原始佛法，只谈六识，即眼、耳、鼻、舌、身、意共六识；重点集中于第六识的"分别识"。六识不难从日常生活中感知、察觉。但是，人自出生而至死亡，于流转过程中，所一世一世携带、埋藏，更进而影响此世与未来世的微细意识，倘若仍将之命名为"第六意识"，则很难更进一步地剖析、微观；因此，到了唯识的大乘佛法，则更深细地区分出了第七意识，以及第八藏识。

首先，从第六意识谈起，第六意识的"识"含有两种功能：第一是和五识同时并现，称为"五俱意识"。例如眼睛观看、耳朵聆听、鼻子嗅闻、皮肤触接、舌头辨味的时候——眼睛为什么能够知晓这是红的、白的、蓝的呢？——这即是第六意识所赋予的"分别"；或者是从记忆中，给它一个标示、记号或名词。第六意识已在现有储存的知识、资料中，与现有的五识配合，予它一个"定位"，例如，这朵花是红的、那朵是白的……，但是，为什么叫作"红"而不叫"蓝"呢？因为于向来一贯的知识储存里，这个颜色即被"定名"为"红"。知识、认识、记忆皆属于脑的作用；因之，脑的作用，可以说，也即是"识"。

眼、耳、鼻、舌、身，五识必定是与外缘、外境接触而后产生的。此五识自身单独并不能产生任何功能，必须与第六意识相合，才能产生作用。因之，我们将它与第六意识合并，共同称为"前六识"。

第二是"第六意识"自身，并不一定需要通过五官始能运作。它具有单独运作的能力，称为"独头意识"，诸如下列的三种状况：

1. 梦中。做梦时，与当前的外界、外境并没有任何关系，它属于"意"识的单独运作，名为梦中独头意识。

2. 精神疾病，精神错乱的时候。一名精神错乱者，自以为会听见什么、看见什么，但与实际上的五官没有任何关系，仅只是意识混乱之后，所产生的虚妄幻象、幻听。

记得曾有一名弟子，自己并不知道已经陷入精神恍惚中。某个深夜，他忽然向我的侍者索取我房门的钥匙。

"师父安板眠息了。"侍者说。

而他惶急回答："你赶快去！赶快去！师父有病，病得极重，现在快要死了！快要死了！"因为，于恍惚中，他的耳朵分明听到，有人告诉他，师父重病了，就快要往生……，他于是惶急地赶来奔丧。他的确听到，但事实上，与他的耳根、耳朵了无关系，而是脑的作用，是狂乱独头意识的幻觉。

3. 禅定中。于深的禅定，眼、耳、鼻、舌、身等五官全放下了，五根也不用了，唯余意识存在——就是定中独头意识。定中的意识是否等于"行"呢？是，是微细行蕴的状态、作用。第六意识于定中时，它的功能，即是"行"，它与意识同时存在，同时地流动与变化。但十分地隐微、深细，而难以察觉。

因之，第六意识，可以称之为"意识流"，因为它的特质即是既流动、又变化的——一种是受环境、情境的影响，通过五官、五根而产生功能；有时使用眼睛，有时使用耳朵、嘴唇……，恒常依情境而变化不已、流动不羁。即若是梦中，精神狂乱，乃至于定中，它仍可以泯除五官，而独立运作；仍如湍流一般地流动不已、递变不止。

第六意识虽然不住变动，但仍然有一种持续的功能，能将过去的种子，一直带到未来；从前一生到此一生，再从此一生至下一世——这个种子，佛法称为业、业力或业识。此生，以及过去无量生所尚未消失的业的力量，即潜伏于第六意识中。

虽然，个中并没有所谓"持续不变的我"——因业因、业果的运作，来生的面目，可能与此生大异其趣，但是，的确有某种影响，某种力量，某种印记，持续于下一生。

唯识系的大乘佛法为了进一步地剖析，于是，将第六意识更精密地区分成第七识和第八识。

第七识是什么？

第七识即是把"第八识"当成"我"，将"八识所藏的种子"视为"自己"而牢执不舍。由于误将业力视为"自我的本体"，因而业力即一生、一生牢固地执持，延续下去，而受其果报。因之，第七识即"自我的执着"，又名"第七意识"。

第八识，即"阿赖耶识"，亦即"藏识"，能藏、所藏、执藏，收藏着一切业的种子。我们的降生，固然带着我们的业的种子，由"业因"而决定。一旦出生了，也自然会造各种业，又将业的种子藏到第八识去。第八识到了下一生，种子成熟了，现为"果报"。一生一生把种子藏进第八识，一生一生的果报，也从第八识的种子显现出来。

那么，第八识是不是就是"真我"呢？

不是。因为第八识的种子永远是川流不息的，随着业因、业力而改变。宛如瀑布一样，从上游急涌下来，我们老是望见一条瀑布挂在悬崖峭壁上，仿佛永远不变。但瀑布的水，却是既持续又流变的，永远不是先前的那一滴、那一串水。八识的状况也是一样，表面上，一世一世流转着，宛如持续的"有"，却是流转、变迁的，并非永远不变的是同一个"我"。

因此，无论从任何一个角度来看，八识虽然携带业的种子，却非一个永恒不变的"真我"，虽然具有"持续"的性质，却是迁流、变化、不实的。仅是虚幻的"有"，随因缘、业力而变化、组合。

那么，第八识是不是就是"灵魂"呢？——也许会有人这样以为。

一般人的印象中，所谓"生"，即是肉体与灵魂结合、接触在一起，即是活人。所谓"死"，便是灵魂脱离肉体独立存在，肉体化为失去灵魂的尸体。传统中，我们赋予这样的"灵魂"种种不同的名称，或叫鬼魂、神魂、魂魄……，一部分人甚至称之为"三魂七魄"，以为人死之后，灵魂是可以化分为无数"分身"的，有的看着一己的死尸，有的接受儿孙、亲友的祭祀，有的便自由自在于屋内或其他地方飘移、游荡着。也有人认为灵魂仅有一个，去世时，即灵魂离开肉体，化为单独的存在。此时，肉体化为尸体、遗骨，灵魂则升上天堂或坠落地狱，这样的灵魂也可以转世，或逗留阴间，成为鬼魂。

这些观念似是而非——为什么呢？

这些观念下的"灵魂"，类似于一个人今天住在新店，明天搬家至新竹。房子虽然不一样了，里面住的却总是同一个人。也有点像一个人可以自己选择，好一点的身体或好一点的环境一般。灵魂变成一种自由自在、任随心意的存在。

这是绝对错误的。

识不是这样的。识并没有一定的、固定的、不变的东西，而是恒常变化、流动的。像是一个"仓库"一般——不是一栋房子一样的仓库，而是"一股凝聚的力量"。上面提过，第七识将第八识所藏的种子，视为"自我"，而执着"我"的存在。因此，第八识便依附在那里，将"凝聚的力量"也藏了进去。这个力量，既可以藏进去，也可以拿出来——当拿出来时，就成为"从因变果"——过去造的业，这个"因"或"种子"的某一部分正好遇见恰切的因缘，因而成熟、显现出来——并不是所有的种子全部都成熟，只有一部分种子遇见"恰到好处"的缘而成熟。成熟之后则形成结果，而在结果的同时又制造业；而新的业又吸纳、储存进去了。因此，第八识那宛如仓库一样的仓储，永远是在变动中——内容在变，质与量皆在变。

而这个业的种子，具有主动的力量，能自行和外面的因缘配合起来，变成产生结果的一个原因。这样的识，与灵魂绝对不同——灵魂的概念中，它的量和体是永远不变的，如同搬家一样；人搬家了，家是搬了，地方也搬了，但是，这个人还是同一个人。

第八识不是。它不断地在变化、更动、形成中，类似于说，这个人是从过去来的，但已不是过去那个人，有了新的质与量的递转、流变。

既然诸识只是"相续流转"，因而相对的，也是了无实相，仅是因缘业果的幻化变现。如是，识蕴也是空无自性的。不过《心经》中的识蕴，只讲到第六识，唯识学的经论，才有七、八二识。

《心经》的五蕴皆空，初以分析法，了知色法、心法，无自性故空，终以空慧观照，当体即空，毋须分析，观自在菩萨即以甚深的般若空慧，随时照见，自身的五蕴所成我是空，众生的五蕴所成我亦无一不空，亦助众生照见五蕴皆空，能度一切苦厄。

照见五蕴皆空的法门

　　观念的认知，不等于经验。如何将我们所具有的"色、受、想、行、识——五蕴皆空"的观念，具体转化为生命的经验？如何地起修与行证呢？

　　首先，须修"观想"的"观"。通常，不经过一段训练，于自己日常生活中，突然要修观、起观，是很难真正"观"起来。

　　倘若参加禅修，透过系统的训练，则可以依着步骤开始观照五蕴。

　　怎么观呢？

一、身体是禅修的工具

　　先从身体观起——观"身"和"受"。观"身体"

于"受"中的状况，也观"心"于"受"中的感觉——
受，一定是身体在受，形成了感觉；而感觉是心。之
后，再观感觉的时候，心的反应是什么？例如我们在喝
一杯很浓的咖啡，第一个在未喝之前即可能已闻到咖啡
的味道，"嗯，好香！"让你很想喝它，这是一种感
受，一种很自然的反应。自然的反应实际上也是通过我
们身体的嗅觉的"受"，而在心理上产生"很想喝它"
的欲望。此刻，进一步观察一己心理的反应是什么？是
一种爱渴、贪欲、执着、喜欢、占有、眷恋……，种种
心态俱会呈现。换句话说，整个喝咖啡的过程，乍看之
下，好像是非常实在的我在那个地方，其实不是。只是
心理的反应，一下、一下，不同的反应，以极快的速
度，联系性地串联起来——于喝一杯咖啡的过程，身与
受的反应便已相当复杂了。这是我们日常生活里，可以
随时经验，也可以提醒觉观的对象。

但是，如果心很粗，没有办法觉观，只知道咖啡很
好喝，喝完之后很满足，只想下一次再喝，一次一次地
喝……，这样的话，是没办法观空的。

那么，只有打坐。于打坐中，先观身。从身体的
"受"观起。观察身体的受，渐渐地，由强烈而淡

化⋯⋯，淡至再没有感觉身体的存在，只余心理的活动。如此，便进一步观察心理的活动与反应，就能觉察到，心理的反应不是在想像过去、回忆过去，便就是推想未来、期待未来、忧虑未来。又或者，只是钝钝地，迟滞而茫然，宛如在做白日梦一般。这些"心"的状态，其实即是"五蕴"中的"受、想、行"，当我们能这样观察时，即已经是在"观五蕴"了——观身体的时候，是观"色蕴"；观心态的时候，即是观"受、想、行"蕴。

渐次地，我们将发现，对于肉体的执着，仅是一种心理作用。当身体的执着逐渐淡化，淡化到最后，身体对自身而言，便可能只是一种负担——当没有感觉身体的存在时，身体就不会困扰你，也不再干扰你，也不再觉得是负担了；什么痒啊、酸啊、麻啊、痛啊、累啊、快感啊、沉重啊、美呀、丑啊⋯⋯，这些问题全都没有了！

打坐坐到深的时候，坐到身体没有，身体的觉受也没有了——意即，身体的粗受（粗的受）消失的时候，便会觉得，身体对自己而言，已不是自我中心的代表物。此时，即是观"色"——"色即是空"——观色身

"即有而空"。即有，有啊！还在，却又是空的。身体在此，在打坐，却对一己不是负担。一般人并不了解身体是一种负担，反执取着以为是幸福。但是，于上坐后的观修中，当对身体的感觉和执着逐渐淡化，我们将发现，有身体，是负担；没有身体，才是解脱。虽然，身体的解脱，并不等于心理的解脱，但是观到这个层次，已逐渐剥离之于色身的执着，也渐次突破"色蕴"的罗网。不过也请记住：禅修必从身体入手，身体是禅修的工具，不是自我的中心。

二、无住于心

更进一步即属于"观心"的层次。何谓"心"？"心"是什么？人们通常难以察觉一己的心理活动的现象，除非在深刻的痛苦中，否则无法察知。于禅坐中，当行者安静下来，不受身体或环境的各种负担、困扰或诱惑时，便仅存心理的活动，包括"受、想、行"等。意即，心理的"受"若与身接触的话，可能产生乐、痛、苦、痒、麻、胀等。但身体的触受淡去以后，便仅余观念上的感受——感觉生命的存在、或内心涌现的思想活动——这类思想活动已属微细，不再那么粗了（粗的指与身体结合的诸受），于此微细的层次中，始能觉察"受"、"想"这两样东西在动，那便是"行"。自己了了分明，这是在动……。

于中，苦、乐渐渐析离，变成"不苦不乐受"，也叫"舍受"。舍，还是受；不苦不乐受，还是受。寻常人仅滞留于苦受、乐受中。苦、乐俱舍，没有苦乐忧喜，即名为"舍"。这种不苦不乐中，仍存有的"受"，即名为"舍受"。在不断舍苦舍乐之后，我们将感到一种轻松，一种非常地安静、柔软和轻巧；于中，更觉知到生命存在之美——那非常地美，伴以安定、宁静、安全与晰明。

这样的感觉，仍在受、想、行之中，尚未超越。仍要将之逐渐置放下来——即是要"观空"。也就是说，举凡清净、宁静、安定、安全……，种种感觉也须认知它是空的，也是一种心理的反应，不要在乎，不要执取。否则，即容易沉溺其中，一上坐垫即希望享有此类轻安的觉受。而这样的觉受，事实上也是自我中心的一种状态。

此时，便须"观空"——如何观呢？即告诉自己，我只是在修行，在打坐，不要太在乎它、贪恋它、执着它。渐渐、渐渐地，此受也将离开，行者的思想将日趋澹泊。

三、以真智慧积极看待世间

思想渐呈澹泊，"行"的问题仍存在着，并未解脱。则须以"智慧"来观——在自己尚未获得真智以前，则"依佛智慧，用佛智慧"：依持、使用佛菩萨的深慧来观察我们的身心世界，了解它们都是幻构，都不是真的，也都是空的。个中，但于自己身内、身外的一切诸事、诸相中，若还存有一丝自我存在的感觉，则尚未契入空慧中。

如此深刻观照，渐止于空。但是，停止于空，并不等于解脱。"空"也是一种受，必须连"空"的感受也放下，如此，则渐契于解脱境界。

为什么观空到达空的境界，其实还是未契空性，还是"不空"的呢？

因为，感受到空，感觉到空，体验到空的，仍是自己——仍有"我"在感受空，而将那个空视为"我"，是另一更深细难除的"自我中心"。

没有修行的普通人，将虚幻的身体和心理现象视为"我"，视为"我的"价值或"有我"在主宰，在存在、作为。

修行之后将发现，身体也罢，环境或心理的种种现状、现象、情境，全皆是虚的、假的、幻的、空的——那么便可能进一步什么都不要，什么都放下，呈现"滞止于空"的状态。这样的空，佛法名之为"顽空"。这显然不是太好的字眼，因为，一旦"住"入顽空，行者将对世间采取消极、否定的态度，除了不想参与，也想放下责任，逃避一切。因此，我们称之为"顽空"——本质上还有一个"非常坚固的自我"、一个"在注意空的自我"在那个地方。明明说"没有"，其实是"有"；有一个"我"，在"注意空"。"以空为我"——"以空为我"的这个"我"是不是"有"呢？有，还在！

因此，进一步空也好，有也好，超越空和有——不住于"空"、不住于"有"，不执着空，不执着有的时刻，即是智慧。

它必须于禅定中，修到"灭受想定"时。此时，

"受、想"灭掉，"行"仍存在。要超出"行"的有与无，则须"离空离有"。离开"有"的什么？离开"色、受、想、行"，也离"空"，离自我中心中的"以空为我"。

离有离空，则真智现前，也即是《心经》所说的"行深般若波罗蜜多时，照见五蕴皆空"，接下去的经文便是"色不异空，空不异色；色即是空，空即是色"——不只色蕴如此，受蕴、想蕴、行蕴、识蕴，也是一样；都是一个"不即"，一个"不离"——而不是"空就是空"，一无所有、抹灭一切的"顽空"。这才是真正能以积极态度看待世间的真智慧：首先，自我中心消除了，就要回到一己的生活中，与人相处，与物相接，与世间保持密切的关系与互动。而于互动交流中，并没有我。为什么？五蕴建构的"我"是虚幻不实的；但现象的假合存有，是谁的现象呢？是众生的现象有、业力的现象有。如是，虽然了知五蕴皆空，不再受五蕴现象的变化，而生起喜、怒、哀、乐烦恼的情绪。烦恼空净，但环境中自己的身体还在，还要吃喝，还要工作、生活，还存在人与人的责任与互动。这个存在，其一是我们原有业力的持续；其次，即是众生还在，并未解脱离苦。所以，自己即或已经解脱，已是"五蕴皆空，度一切苦厄"，但是，广大有情并未离苦，须加以善巧救拔。也或者，行者虽已离苦，但业仍在——离苦，仅是离却心灵的负担，但昔日所造的业仍残存着，并不因悟觉，从此便可不认账了。

账仍在，但认账，并不意味着受苦。倘能"照见五蕴皆空"，那么，认账，仅是化被动的业力为主动的布施，从自我拔度的苦厄中，进一步协助有情，拔度累世积集的苦厄。

如此，不即不离，即空即有，则可以起大智而离苦，起大悲而济厄。入于五浊而恒保清凉，现于烦恼而恒观自在。

《心经》中的时空观

　　《心经》虽则仅有二百六十字，却涵盖了从基础至深湛的修持。"五蕴皆空"仅是它的总纲。从这个纲领——"五蕴"再可细析为四个要目：1. 从空间来分析，2. 从时间来分析，3. 从凡夫立场来分析，4. 从已成佛、已解脱的圣者状态来分析。由是，从凡夫位至圣人位，《心经》涵盖了各种次第的修行要诀，是一部非常精简、实用的经典。但是，由于许多的讲经者不断谈着"般若"、"涅槃"、"空相"之类的名相，以致使得人们莫测其高深。

　　然而，《心经》是日常生活中皆可应用的，根本所谈的也仅是生命存在至为现实，而息息相关的命题——解释"人"是怎么产生的？究竟是怎样一种东西？为什么受苦？又如何可以不受苦？从受苦至不受苦的过程如何？

一、从空间上分析

从空间上分析《心经》，它论及六根、六尘、六识。六根（眼、耳、鼻、舌、身、意）即我们生理的现象；六尘（色、声、香、味、触、法）即环境、情境的现象；六识（眼识、耳识、鼻识、舌识、身识、意识）即生理与情境连结后产生的心理现象。生命、生活的持续，于空间上必然是六根、六尘、六识的配合运作，也必然是身心与环境，生理、心理与情境交叠互动的状态。每一个人类的日常生活、生命活动皆如此，皆不离于此三组十八界。

六根，眼、耳、鼻、舌、身、意，即指我们的生理现象和条件。何谓"意根"，前面已谈过意识，再把意识的前一念连下来连至后一念，便是将前一念的"念头"当作后一念的"念头"的根，叫作"意根"。前一念从哪里来？前一念因身体五官与环境接触而产生五识。环境是什么？即色、声、香、味、触、法等"六尘"。色、声、香、味、触不难理解，但"法"

是什么？法，即"意根"所对的境，即符号、观念。比如"红"，红颜色是"色"；但是，如果语言上说"红"，视觉上并没有红色，我们的脑海却能清晰了知是红颜色，这即是符号、观念——也即是"法"。

眼根对色。"色"即指任何一样眼睛可以看见的物质体，颜色形状、线条形式等，又叫"色尘"或"色境"。"尘"即物质。"五尘"即五根所对应的五种物质：即眼睛所看见的"色"；耳朵所听闻的"声"；鼻子嗅觉的"香"（"香"总摄所有气息）；舌头所辨识的"味"；身体所接触的"触"，包括冷、暖、粗、细、涩、滑。

眼睛的视觉、耳朵的听觉、鼻子的嗅觉、舌头的味觉、身体的触觉——这个觉，即名为"识"。倘若缺乏六识，五根与五尘接触，便等于没有接触，便不能生起任何的认识与知觉，也不能生起心理的经验与作用——此中，"意根"和"法尘"两者属于精神与物质体的交接点，也是由物质进入心理的层面。

三组十八界，六根、六尘、六识，必定联合互动，始能产生一个人的生命和生活现象。

"盲人无法看见，聋子无法听觉，不也照样活着吗？"也许有人会这样反驳。

的确，人类之中确有五根齐备或残缺的，残障人士也于不完整中仍努力活着，比如夜盲、色盲或生而失明。看不见东西，即以耳朵、听觉来代替，或用身体、四肢的触碰来替代——我们将之称为六根、六识的互相替补作用——本质上，根、识仅是以更内化、转化的方式进行，并未完全消失。

"五蕴皆空"——从"五蕴"的角度，生命是空的；从空间的现象分析"我"，也是空的。六根、六识、六尘，一共包含十八个项目，组成生命的事实。从菩萨智慧的角度来观照，名为"十八界"，此十八个项目组合的生命究竟是什么？是"空间中'我'的存在"，是依不断的因缘组合而缺乏自性的存在，因此，是空的。

十八个依因缘构成的项目，形成了"我"，但是，究其本质，这十八个项目，哪一个项目是"我"呢？它仅是组合起来，于运作中的一种幻觉、幻象。当我们少了一只眼后，是不是"我"呢？少了两只眼，又是不是我呢？一旦全部十八个项目都没有了，我在哪里呢？这都是一个一个项目，一一组合而成的，十八个零件一样一样拆开来，你说，"我"在何处？

由是，从空间上解析，十八界依因缘变动组合，那依之形成的"我"，因而，也是空的，是虚幻、不实，而非永恒地存在。

二、从时间上分析

从时间上来分析。空间上构成的"我"，名为"十八界"；时间上构成的"我"，名为"十二因缘"。五蕴事实上便是涵纳着时间与空间的整体。

十二因缘具有两种解释：一种从此生当下，这一生就是十二因缘的过渡，就是十二因缘一个阶段接续一个阶段的起承转合。一种就是从无始的过去，乃至于无终的未来，只要生命未能解脱，十二因缘便恒续流转，推动生死轮回之轮。倘若证得解脱，过去是无始，未来却是可终的。无始而有终，这是苦难的有情于修行的过程中所追寻的目标、层次与进阶——因个人的修行而不同，但将持续着直至解脱为止；无论是小乘的解脱或大乘的解脱。

从时间上看我们的生命，最为大家所熟悉的，莫过于"三世"的说法。三世含括三类定义，即过去三世、现生三世、未来三世。过去三世，指累劫累世以来，一次次的过去生与过去世。现生三世，指现在这一阶段，今天、昨天、明天是三世。现下一念、前一念、后一念，也是三世。现在此生、过去一生、未来一生，也形成三世。未来三世，即指未来到死，死而又生，于未来际的无量生死与无量轮回。

无论是哪一种，辗转三世，都不离于十二个因缘的流变与轮回。我们便从最切身的现生三世谈起。

十二个因缘，即"无明缘行，行缘识，识缘名色，名色缘六入，六入缘触，触缘受，受缘爱，爱缘取，取缘有，有缘生，生缘老死忧悲苦恼"。也就是"无明、行、识、名色、六入、触、受、爱、取、有、生、老死"十二个项目。

我们是从生命的"入胎"开始，为什么而入胎呢？是由无始的无明烦恼，形成第八识，第七识便将之视为"自我的本体"而引发妄想的变动与连续，这即是"无明缘行"。牢执八识的"无明"，而于微细识中产生"我"、"我在"的执取。此微细识相续流动、愈积愈强，则衍为更粗、更鲜明、具体的六识，便是"行缘识"。

如何具体投射，实践一个今世的"我"呢？则是"投胎"，具现具体的"名色"，具体的"身与心"。"名"指精神、心理的部分；"色"即是肉体、物质的部分。"识至名色"指的是父母的精卵结合，正于浑沌朦胧中，缓缓孕育，架构一团血肉，更进而渐渐呈现出一个更晰明的身心的过程。胎儿于此中略略具备了"人"的模样、形状与质素。

更进一步，则发展出眼、耳、鼻、舌、身、意等"六入"，更完整齐备地呈显一个具体人类的小宇宙——具有完整的五官、肢体，以及头脑、意识、思维的运作。

"六入"是人类身心通向外界的窗口。缺乏六入，即无法实践"成为人"或"生为人"的生命意志。

"触"，传统的解释，认为自胎儿诞生开始，经由"六入"，眼、耳、鼻、舌、身、意的相对、相接，而产生"触"，产生接触、触知、触觉。经由"触"产生"受"，有了各种苦受、乐受、好受、坏受，种种滋味，种种况味……，于中，又产生了"爱"。这里，"爱"一字涵盖了两面的意思：一面是喜欢，可意、可爱的；相对的一面则是不喜欢、不可意，想排斥、拒绝、丢弃的。"爱"下面则是"取"，两者其实是前后的关系。一旦有了"爱"，有了悦爱与憎恶，便有了"取舍"与"执取"——执念着想"取"得自己所爱、所悦、所以为好的；相对地，对于不爱、不喜悦、不适意地，即想排斥、打压和舍弃。

"爱"与"取"两者的阶段非常流长，纵贯生命的所有阶段、每一面相。从出生懂得肚子饿，要吃要喝，以及希望追求，希望获得开始，一直到死亡为止，我们皆处于这样的境界里：爱的，就去取；不爱的，赶快丢！经常不断在这种状况下。"爱"就变成"贪"，贪得无厌、求索不止。不爱的呢？就想丢掉，丢不掉就恨；取不到、爱不到就恨。种种烦恼于是蔓衍、烧灼。

前述提到，传统的说法认为"触"在婴儿出生以后才发生。但是，现代科学却进一步指出，在结胎时期，胎儿五、六个月大时，便有了听觉、触觉，也能吞咽——将羊水吞进去又排出来。因此，"六入缘触"这一部分，在胎儿逐渐具足眼、耳、鼻、舌、身、意的过程，"触"已经随着官能的具显逐步发生。但是，更清楚的"触"以及后面的"受"、"爱"、"取"，则在出生以后才完整呈现。我们不难看到其中强烈的作用：例如婴儿出生不久，即希望拿东西往嘴里塞。我们总是这样重复着，即便长大以后，也不断地爱取，不断地希望将所爱、所欲的，统统放入一己嘴里。然而，由于礼貌、道德、社会、文化、法律……，种种因素的制约，我们无能如斯猖狂，见什么都要爱、要取，也因而不能完全顺意而为。但人们的内心深处却总还是这个样子，总希望多得一点、多得一点——尤其之于一己所爱悦、恋执的事物。

因为有爱、有取，人类的生命过程中便造了种种行为、种种的业。而不住地爱取、不住造业的原因，都缘于"有"——缘于我们将自我的身心、乃至于器世间的一切都视为"具体的存在"、视为实存的"有"。由于误认为真实，以致牢牢执取，不肯放下，便任由爱取，埋首造业。业力的种子又埋藏于第八识"阿赖耶识"中，七识于微细的流转识中依然将"业识的种子"视为"真实有"，以为"有我"、"我在"；于是，又将具胎成形，投入下一生了。

下一生的一旦出生，则又难免于老死忧悲苦恼。十二因缘如是运转不歇，铺盖了一世一世的无明爱取，以及一世一世的死生轮回。

因之，佛家要说，三界最难突破的"见惑"（见解的迷惑）及"思惑"（贪、瞋等烦恼），即是在十二因缘的时间长流中，不断地因惑而造业，因造生死业而感生死果报，便是"有"——因为视业报体的自我及身心、世界为实有，便构成见、思二惑，便造生死之业，便感生死果报。这就是十二因缘的三世循环生死流转。

《心经》的解脱观

　　《心经》虽极简短，却涵盖了从基础至深湛的修持，由凡夫至成佛的果位。

　　五蕴是时空整合的我的生命，十八界是空间的我的组合，十二因缘是时间的我的持续。这些都是欲界众生的生死法，若能以无漏的般若，无我的空慧，观照此三类因缘的组合及因果循环，当体即空，便得解脱，便得转凡夫为圣人。唯圣人也有二类，一是小乘，二是大乘。小乘圣者的解脱，是出离三界生死；大乘圣者的解脱，是不恋生死亦不畏生死，断除烦恼是解脱，利益众生入生死，那就是《心经》说："无无明，亦无无明尽，乃至无老死，亦无老死尽。"

　　从凡夫的立场来分析，"无明"为首，推动十二因缘，铺构出我们凡夫的入胎、出胎、身心世界、爱渴执取、老死忧悲，乃至于历劫的轮回。寻常人莫不如此，皆在无尽的"无明——老死"中，永远生而老，老而死，死而生……，沉沦于无止的无明烦恼、生死流转以及爱渴悲欣中。这即是人类的实相，凡夫生存的状态，是"有无明，有老死"。

如是，从无明生，无明灭，以至"无无明，亦无无明尽，乃至无老死，亦无老死尽"，所指陈的，即是解脱圣者的两种状态，也就是小乘佛法与大乘佛法两种解脱的层次。"无明尽"乃至"老死尽"，是小乘圣者的解脱；"无无明，亦无无明尽"乃至"无老死，亦无老死尽"，是大乘菩萨摩诃萨的解脱。

一、小乘，解脱轮回

小乘的佛法是"从有到无"，认为五蕴及十二因缘具体的存在、运作，"有无明、有触受、有爱取、有老死"，生死之轮依此持续下去，欲使苦海众生离苦得乐，欲证解脱，则须"断无明"，无明一断，则老死永断，轮回永断。五蕴一离，便得解脱。十八界一出，便出生死。

　　小乘圣人依此而观"五蕴"，观"十二因缘"，观六根、六识、六尘等"十八界"，一一破除，了知一切非我、无我，都是无常、变易、不真实的，由是而拔除根本无明、泯灭烦恼、解脱三界，永不再往返于三界，坠于次次的轮回死生中。

　　于小乘的观点是认为我是空的、无的，五蕴、十八界、十二因缘的法是有的，所以凡夫是"有无明，有老死"，相对的解脱的圣者也"有无明尽，有老死尽"。由是，摧破无明，出离三界，不复再入轮回，再入生老病死，是具体的"无明尽，老死尽"。

二、大乘，觉醒有情

　　大乘圣者却认为，生死中的我，如化如幻，当体即是空的，五蕴、十八界、十二因缘法，也是如化如幻，当体即空的，当体便不执取，能不执取如化如幻的自我，也不执取如化如幻的五蕴、十八界、十二因缘为实有，便能清凉安住，不必厌离，也无所迷惑。

　　同时，认知辗转三世，无非仅是一个华丽的虚幻之柱罢了。凡夫以为"有"，所以牢牢执取、爱渴忧悲、生死往来，无论如何总不肯放弃这幻爱的虚幻之柱。小乘圣者也一样认为"有"，了解其中的生死忧悲、烦恼过患，而急于脱离虚幻之柱，永不再来。大乘菩萨却了知，此柱本是幻构的，本来即是空的。无论如何地华丽、诱惑，如何地狂乱、颠倒、恐怖……，都没有实相，也没有实体，以致，当下即"看破"生死，不执着生死。因为，连生死也只是虚幻色心的起灭来去，本然空性，本来没有起灭来去。所以《心经》要说："是诸法空相，不生不灭，不垢不净，不增不减。"

不惑于生死，自然也无惧于生死。生死的可怕，在于我们有烦恼、有恋执、有恐惧，有着本能的之于五蕴色心所成"我"的执取。大乘菩萨穿透其间的幻象，于是，于生死的当下，便能不受生死困扰，也不受此虚幻之柱的各种幻象所吸引、所愚弄。

由于累世所发的悲愿，菩萨们于是乘着悲愿，屡屡回归此虚幻之柱，于生死中去去来来、来来去去，协助一切炎恼有情。于风雨旱潦，人世间种种自然与非自然的苦难中，一样历劫生死、备尝荼苦，却能安住空寂，不受其中的烦恼所摧折——于烦恼中离烦恼，于老死中离老死，于无明中离无明。

他人的生死轮，却是菩萨的悲愿轮。

因此，小乘的圣者是"有无明，无明尽"，乃至于"有老死，老死尽"。修行，以期从无明乃至于老死得解脱轮回为究极。

大乘菩萨却是"无无明，亦无无明尽"，乃至于"无老死，亦无老死尽"。修行，在于生死烦恼中，恒保安定，恒住清凉，一世世地投入轮转中，一世世地燃灯，一世世觉醒有情。

持诵圣号的法门

观音法门一共涵纳七个法门，至深的是《楞严经》的"耳根圆通法门"，以及《心经》的"照见五蕴皆空法门"，那么，初入门时，行者是否应该由浅入深地渐次修行呢？

一、根性决定法门

不一定。须看根性，依个人不同的善根因缘。

有人一开始即是"顿起"的，一入门，即直接参修耳根圆通法门；也有人则从《心经》的照见五蕴皆空法门入手。

一般从"信心"开始的，〈普门品〉则最为亲切、容易，因为只需念"南无观世音菩萨"或"观音菩萨"

四个字。方法非常简单：任何时间，不用头脑、毋须思考的时候，都可以念观世音菩萨；默念可以，出声念也可以；七个字可以，四个字也可以。

二、持诵的方法

若默念，最好用数珠。可以随身都带着数珠，短的十颗、十二颗、十八颗，长的则是一百零八颗。念一圈，即是圆满一个数字。当然，不一定要记数。触着念珠，即是提醒自己要念，一念观世音菩萨，心便安静下来，变得比较平和、稳定、安全……，焦虑与烦躁便渐渐淡化了。

因此，念观音，当下便有用，当下便能宁静、能安心。不一定需要有所求、有所感应——有所求念观音，很好；无所求念观音，那是平常修行、念自家珍宝，那更好！它是炼心之道，练习"无着"、"无执"与"无求"。

日常工作时可念，睡觉前仍可念。吃饭、工作、如厕都可以——只是于厕所里，默念即可，不要大声念。不是怕菩萨生气，而是怕他人起了烦恼，以为是对菩萨的不敬。行、住、坐、卧，将观音圣号持得绵绵密密、一心不乱，自然能与菩萨悲愿相通、智慧相通。

记不记数，并非绝对。初学时，为令自己发心坚定、发心长远，设立一个数字、一个目标，是极好的；或万遍、数万遍，乃至数百万遍的菩萨圣号……，令自己每日警策着，长远恒持地诵念。此时，不妨手边一边拿着一串一百零八颗的长数珠，一边则拈着十颗的小数珠。每转念完一遍长数珠，则拨一颗小数珠。小数珠十颗数完转过一圈，便知已诵了一千零八十遍。小数珠数过十圈，即知到了一万零八百遍了。

忘了记数？也没关系。若已养成习惯，日常已不断、不住地念着，就毋须刻意再数。重点只是在于，恒常安住于观世音菩萨圣号中，让菩萨圣号流灌一己的身、口、意，洗涤一己的身、口、意。

三、佛法无住相

"唵嘛呢叭咪吽"〈六字大明咒〉，与观世音菩萨圣号完全相同，它是西藏系统，以藏文发音的"观音咒"，大概是元朝时传入中土，于汉地广为流传，也是藏传系统至为风行的咒语。只是，有别于中土的是，西藏更常以法轮，取代数珠。高山苍远、草原辽阔，西藏的在家居士，手上便持着小小的法轮，不住转着、转着……"唵嘛呢叭咪吽，唵嘛呢叭咪吽，唵嘛呢叭咪吽！"……，从黎明到黄昏，转于朝山朝圣的时刻，也转于颠沛流亡的时候。

无情说法，之于西藏人而言，怕是极自然地罢——他们不仅以自身有情的身、口而念；也将神咒与圣号书写于缤纷的风幡上。风来时，幡旗飘荡着……"沙沙沙"……，每一丝颤动，都是一句圣号；每一次拂摆，也都是一句"唵嘛呢叭咪吽"。

那风与旗便永永远远、日日夜夜诵念着圣号。观音的慈悲便福佑着大地，如慈母般，抚慰着每一个苦难的生灵。

在家居士的修持之道

常人将虚幻的身体与心理现象视为自我。而在深观五蕴的过程，相对地，则可能将空视为有，以空为我，呈现另一更深细地执取。直至离空、离有，没有自我中心，智慧始能现前。这样高的境界，是否唯有出家僧众始能抵达？在家的居士又该如何修持呢？一名居士曾经问到。

一、具足信念

首先，须从观念上，从理念的分析中，接受它。其二，愿意接受，且具足信心与信念。譬如说，人们告诉你，台北好好喔！一到台北，一切问题都解决了，痛苦也消失了！然而你却在高雄，从未曾来过台北。但是，现在有人——一名来自台北的人，告诉高雄人，台北的诸多好处，许多高雄人便会愿意接受，愿意想像。了解这是一名老台北的地道经验，自己在北上以前，北上的过程中，乃至到了台北以后，该有怎样的心理准备，以及认知、理解。

除非具足这样的认知与信念，一个人很难当真"发心"前往台北，甚至抵达台北。同样地，也可以向台北人介绍高雄如何地好法，也得使台北人相信了，才会前往高雄。

因此，在我们刚开始观修色身，实际地观想尚未开始，尚未着力的时候，得从心底先接受它的概念思维，信念不疑！当遇见得失、利害、瞋爱、毁誉等巨大烦恼的冲击时，能于深刻的痛苦中，持念《心经》这句："观自在菩萨，行深般若波罗蜜多时，照见五蕴皆空，度一切苦厄。"倘记不得那么长，即记"照见五蕴皆空，度一切苦厄"；倘仍太长，则缩短为"五蕴皆空，离一切苦"。五蕴皆空，离一切苦，一共仅有八个字，就把它当成咒语来念罢。于痛苦、烦恼，无法解决，也不知何去何从之时，即念这八个字。多念！多念！以信心而念、而持，苦即会少些，烦恼也将轻些。这是初步的状况，非常有用！是我自身经验过的。

二、不执着梦幻泡影

其次，于烦恼、灾难，或困难、危险时，观"灾难是什么？"、"困顿危险是什么？"——无论它们是什么，都只是一个暂时的现象，终将消失。它依因缘出现，也将依因缘而离去。我们所要做的，也只是当下现前的面对。倘能趋吉避凶，则避；不能，则面对它、接受它，以智慧的方式处理、对待。心间毋须再难过，因为，难过也没有用！须一再告诉自己：烦恼也没有用。愈烦恼，则愈焦虑、愈多障碍，愈缺乏智慧；愈缺乏智慧，则愈痛苦，问题愈严重！

自己缺乏智慧，则须"用佛智慧"；用菩萨、经典的智慧。状况该怎么处理，就怎么处理。实在没有办法，则念观自在菩萨，或观世音菩萨。念了菩萨名号，则须以安定心面对事件，了知种种现象皆有如梦幻泡影。梦幻泡影不能说没有——做梦时有；幻象、幻觉是有，水泡是有，投影也宛然存在。类似的种种生命现象、社会现象、自然现象……，我们须当下便能觉知、提醒自身：这些是临时的有、暂时的有、因缘的有，本质皆空！没有不变的存在。现在出现了，只要面对它，很快便将过去。此际是坏现象，然而坏现象过去了，好现象即会出现。仅要依着智慧寻找因缘、促成因缘，好因缘自然会于时空中翩然绽开。

后记：江心上的月影

千江有水千江月——之于我，观世音菩萨如同一轮皎洁的明月一般，从孩提童蒙，至剃度成长，乃至为僧、为师，始终映照着一己的生命，以及修行的途轨。

塑个又大又美的观音

我孩提的家乡，坐落于长江北岸南通县狼山广教寺山脚下不远的地方。那里，历煎中国长期的动乱与解体，生命总处在一种"共相"的贫穷与惨迫中——地主穷，而无片土片墙的佃农更穷。在贫陋寒伧的乡下，村人泰半目不识丁，所接触的宗教，大抵也是佛、神、仙、鬼混融、混合的一种民俗信仰。

也许，正因为贫迫穷伧，以致，之于一种遥远的"净土"，一种超越现世现实的"抚慰"与"拔济"，更有着一类本能的渴望与期待。我那小小的、文盲充满的偏野小村，竟流行起一项"观音会"来——究竟是由谁起头？谁来组织、结构的呢？早已无从追溯。然而，那里似乎"福至心灵"一般，几十户人家，共组了一个"观音会"，也共用了同一幅民间木刻版印、看来十分粗潦的"观音画像"。每届一定的时光，便将观音画像请出，放在负责主事的"东道主"厅堂上，左近邻居的妇女们，便携儿带女，一起持诵《观音经》。这样年年轮序着，又像家庭集合，又像妇女聚会似地，每轮到谁，便将观音像挂在那家堂壁上。

许是观音的女性形象毕竟最能打动同体女性的情感罢。小小的村子，竟然人人都修，妇女都会，便连不识字的祖母、母亲也都琅琅上口，能背诵起《心经》与《观音经》。

也怕是同样的缘故罢。那里，还流行着一样独特的风俗，就是"豆腐会"——一旦有人谢世，村人并不直接露骨地称"人死"，而改唤为"吃豆腐"。因为凡是殡丧的人家，一律都是准备"豆腐斋"的。即是以豆腐为主，加上海带、萝卜、野蔬等，略略四、五样清简的斋菜；不分哪家，都是如此。

以致，听到大人口耳相传着："到某某家'吃豆腐'！"便知道，那家有人去世了。

"吃豆腐"一词，即成为一种朴厚的转折——根生大地一般，有一点悲伤、触动，却有着另样的亲厚、明亮与温煦。生与死、乐与忧，童年的记忆便交织于"观音会"与"豆腐会"中。

塑像的观音珍贵而耗资，贫苦的乡下根本不容许有一尊。儿时，跟随母亲去"观音会"，每每望着堂上所挂的粗糙、粗潦的观音画像，便发呆着想："这观音像好难看喔！等我长大，一定要塑一个又大又美的观音。"

当然想做和尚

回回这样呆想着，也未究竟深意。时光悠悠过去，十三岁那年，一场大雨却改变了自己的生命与生涯。那个夏日，一位戴姓邻居刚自江北狼山游历归来，趑经我家门口，却遇见一场急雨。他进入我家避雨，一眼望见我，就想起狼山"广教寺"方丈托他在江南找一个小和尚的事，便探问母亲心意。

"你想做和尚吗？"母亲转头，以玩笑的口吻问我。

"好啊！当然想做。"我不假思索，也不知道什么叫作"和尚"，即答道。

母亲楞了半晌，最后，仍将我的生辰八字，交给戴姓邻居，以便方丈于佛前征询请示。

我于是到了狼山，出家，做了沙弥。

狼山，是自己与观世音的另一缘起罢！

狼山，原本即是观世音的道场，它肇基于唐高宗时代，龙朔和总章（公元六六一—六六九年）间。彼时，有位来自西域的梵僧僧伽大师，抵达狼山，他曾于此地掘出南北朝时期齐国香积寺的古碑，又曾掘获古佛"普照王佛"的金像衣叶；而他自己，更曾具现为十一面观音。其光严璀璨、威德赫赫，使得观者叹为神异，而舍宅为寺。

唐中宗仰慕他，召他入宫问法，相对契和。直到僧伽大师坐化而亡，中宗仍思念不止，召来当代驰名的圣僧万回问道："僧伽究竟是何许人？"

"观音菩萨的化身。〈普门品〉不是说过吗？观音无量化身，应以比丘身得度者，则现比丘身。依此，僧伽大师以现沙门身广摄有情。"万回回答。

除却"变现"为十一面观音，僧伽的度世济世宛然也印现了〈普门品〉中之于观音的称叹。他的玄异极多，不仅能以杨枝、水瓶、忏悔治病禳灾，且上至宫廷内府，下至官衙皂吏、庶民盗匪，乃至水生渔族，无不蒙其以各种善巧方便，慈悲普济。及至坐化而亡，仍然经常影现真容，庇佑着江淮两岸黎民百姓，免去一场场兵灾屠戮。

由于曾为国师，且为唐朝盛极一时的崇仰，因此，他身后的尊号是"大圣国师王菩萨"。狼山由之奠基，经由知幻禅师及当地官绅士庶的相续经营、凿启，建立了大雄宝殿，名为"广教禅林"。直到现在，山上正殿所供的即是创山的僧伽大师——这位传说中的"十一面观音"化身像；半山中仍矗立着知幻禅师塔。（关于僧伽大师的详细经纬，可查阅宋赞宁所著的《宋高僧传》）

那么，于狼山剃度，也不能不算是与观音菩萨的甚深因缘罢。

持诵观世音，智慧大开

幼时的我，体弱而又智弱。入了狼山，做为一名沙弥，除了早晚课诵、撞钟击鼓，还要清洁环境、打扫庭院、整理厨厕，为老僧们洗衣裳、倒夜壶。以致，虽请了两位老师授课，仍感到学习的困顿与迟骏。更艰难的是，每日得拜《八十八佛洪名宝忏》，且八十八尊，得按着次序前后，一尊都不许错漏，也不许失误。之于一个乍入佛门的孩子，那不啻是一个骇人的挑战！师父对我说："拜观世音菩萨罢。拜了，便要好了……。"

我于是开始持诵观音。每日，黎时醒觉，必先拜完了观音，小和尚才开始撞钟。这样持续诵持，暗钝的智力恍然透入了光照，三个月内，八十八佛便如清泉般流通胸臆，再也毋须忧挂。

十七岁时，离开狼山，进入上海静安佛学院插班就读；在佛学院，无论有没有斋主、时节因缘如何，也总是日日拜《大悲忏》，风雨无阻。《大悲忏》是宋代天台宗的知礼和尚依据《大悲心陀罗尼经》为根本，所制作、发展出的忏法。自然与观音息息相关，是含聚千手千眼、无量慈悲的"观音法门"。

日日拜诵着《大悲忏》，一面努力咀嚼难解的佛学义理，时间进入民国三十七年（公元一九四八年）下半，整个大陆风声鹤唳、战火屠煎。

于兵火芜乱中，政府规定，凡年轻的壮丁，无论僧俗皆须投入保卫上海的战争，由"团管区"负责学子们的军事训练、战备演习。

兵火刀伤，显然违背了佛陀"不杀"的戒律，也违反了佛家慈悲和平的精神。眼看着"投入战线"的时光日益迫近，佛学院的学生个个忧心如焚，于无可奈何中也仅能一日日更努力地拜忏祷祝，祈求能够转危为安。这样拜着忏，正临到我们，计划却突然戛然而止。佛学院的学子因而免了一场战争的"兵劫"。

心中，更深刻地感念着观世音菩萨的慈悲拔济，也更真实地体会了忏法不可思议的功德；"拜忏"的确可以消除有情众生身心，以及种种境界、心理、肉体、精神的障碍与坎坷。

不忘江心上明月

尔后，从追随军旅来台，至重新剃度出家，不忘的仍是江心上那轮明月。我终究仍是做了和尚，更且，一九六一年冬季，禁足、闭关于高雄美浓的山寺中，展开长达六年的披经、阅藏、参惟、著述、修行中，足足有半年的时光，每一日，我必在自身避静的禅室中，进行着一人独自的《大悲忏》法，祈求观世音的大悲加持，使我毕竟能够克服重重的艰难窒碍，突破牢锁，成就向所来时的行愿。

直到今日，成为一名禅师，领导着僧团，于东、西方往来奔走，主持过无数的禅七修行，也指导过无数禅修团体，观音的慈悲与智慧，仍如一轮皎月，时时垂照着生命的行路，永永奉为修持的圭臬。

由是，说法鼓山是个观音道场，并不为过。这是我所予以自身，和所有法鼓人，以及所有有情人间、有情器世的期许，与叮咛。

千江有水千江月。一轮明月既可映照、投影于千江、万江，乃至千亿万条江水之中；同时，千亿条不同的江水也能同时映现、显像出此一轮皎月来。换句话说，观世音菩萨既可普门悲济于一切有情众生，每一位有情也可于自身中谛显出观音的形象，投映出他如月轮一般皎澈圆满的智慧与慈悲。

〈普门品〉中描述的观音的三十三化身，涉及了世间、出世间、天上、地下，乃至于各种性别、身分、年龄、地位、行业的人类与非人类——它意味着，无论你身处于何种状态、何种身分、地位、年龄、职场，人人

都可以试图学习观世音, 也皆可以谛显观世音, 转化成
为观世音菩萨千百亿化身的一部分。

以智慧修行、戒慎觉醒

观世音的特质在于"大悲", 而真正的慈悲, 则建
立于"无我的智慧"中。唯其能够放弃种种以"自我中
心"为考量的爱憎喜怒、利害得失, 以"生命同体"的
立场与关怀出发, 才能建立平等的慈悲。

这样的慈悲, 必须透过智慧, 透过知识、教育、修
行的觉醒和调整, 始能抵达。

一般在学习的过程中, 大抵可划分为四类阶梯:

一、并不特别了解, 也不特别认识观世音。只是懵
懵懂懂, 将观音菩萨与民间的仙、道、神、鬼、关公、
妈祖、城隍、太岁等一起并供, 将之错认为"福善祸
淫"的神鬼之流, 且以为"只要谁能有利于我, 保佑于
我, 我便拜"。依此, 拈香祈福, 所祈求的无非个人世
俗的幸福、成功、快乐、长寿等事。

二、略略认识观世音, 也了解、学习了一点佛法佛
理, 却无法放下"自我中心"。在这个状况中, 居士、
行者们可能一面持诵观音, 拜忏、祈愿, 一面发心终身

吃素、布施、奉献，做种种善业功德。但是，却无法放下"自我中心"，仍充满了人性中的各种欲望、杂质，各种恐惧、憎爱、贪婪、得失、比较……，善善恶恶、好好坏坏、苦恼忧悲仍常在内心拉锯、鼓噪着。

三、进入《心经》的"照见五蕴皆空"，以及《楞严经》的"反闻闻自性"的阶段。行者渐渐由浅入深，而能进入真实的"解脱道"中，契入观音修证的心髓，而能"入流亡所"——入"法界流与法性流"，放下主观的自我和客观的对象，而能证觉"空性的智慧"。

四、融入众生和娑婆苦难中，和光同尘。行者体达"空性、无我的智慧"，则须返归娑婆浊世，教育、协助、悟觉、拔赎所有沉沦、受苦的有情。于经验人间各式各样坎坷磨难，受苦受难的同时，也"救苦救难"，慈悲抚济。他的外表宛然与众生的面貌一模一样，同样历煎着生老病死、坎坷折磨，却能以无量的心、行，无量的行动与实践，谛现了生命的尊严与光华，安慰了普世受苦的心灵。

依此四个阶段，依次提升，依次学习，人人皆可以成为观世音，也皆可以代表观世音。并非有此无彼，有彼无此；仅要能具足、体现观音的智慧与慈悲，在意义上，则代表了观世音。

但是，必须提醒的是：要避免傲慢心！

"变化现身"的信仰与"众难"、"救济"的信仰，虽给中国大乘佛教带来极为丰富的慈悲精神，并且使人能够视一切众生的种种型态，都是菩萨的现身说法。相对地，这类信仰也为大乘佛教带来"神佛不分"和"以凡滥圣"的流毒，使得欺世盗名之徒，便以佛菩萨的化身、分身自居；谄媚悖理之流，将权势重大的俗人，视为佛菩萨的"权现"。

因此，以观音为楷模，学习菩萨的悲智慈抚的同时，也必须泯除自我的傲慢心：不以观音的"化身"而自以为是，自命不凡；更不以是"本尊"而欺世盗名、显异惑众。

千江观音，具现光华

那么，什么是"塑一个又大又美的观音"呢？修行的目的，是为了如图像上的观音般，长出一千只手臂与眼目吗？

人们若是见到有一个"千手千眼"的怪物，突然现身于眼前，怕要吓得立刻掉头便跑罢。

由于凡夫众生总是着取于"相"，因此，图谱上，常将观音画成"千手千眼"的形象——千眼，象征着智慧广大的觉观、凝照与理解；千手，则象征着慈悲的行动、普济与救赎。

它所彰显的是实际的理解与行动，不是成为另一个超现实的其他的什么。

又大又美的观音，存在于所有生命的内里，依每一个心灵而塑造、完成。想望地狱，则是地狱化身；心，与观音的悲智相应，则"变现"为观音化身。一念相应，则是一个化身。

如是，每一条江流，无论大小深浅，皆可以投映明月、怀纳明月；于自性自心中，形塑出一尊皎皎清华、又大又美的观音。

如是，千江有水，千江之中皆显现观音，具足光华。

《心经》

唐·三藏法师玄奘译

观自在菩萨，行深般若波罗蜜多时，照见五蕴皆空，度一切苦厄。舍利子！色不异空，空不异色；色即是空，空即是色；受、想、行、识，亦复如是。舍利子！是诸法空相，不生不灭，不垢不净，不增不减。是故空中无色，无受、想、行、识。无眼、耳、鼻、舌、身、意；无色、声、香、味、触、法；无眼界，乃至无意识界。无无明，亦无无明尽；乃至无老死，亦无老死尽。无苦、集、灭、道。无智亦无得。以无所得故，菩提萨埵，依般若波罗蜜多故，心无罣碍；无罣碍故，无有恐怖，远离颠倒梦想，究竟涅槃。三世诸佛，依般若波罗蜜多故，得阿耨多罗三藐三菩提。故知般若波罗蜜多，是大神咒，是大明咒，是无上咒，是无等等咒；能除一切苦，真实不虚。故说般若波罗蜜多咒，即说咒曰，揭谛！揭谛！波罗揭谛！波罗僧揭谛！菩提萨婆诃。

（《大正藏》第八册八四八页下）

〈观世音菩萨普门品〉

姚秦·三藏法师鸠摩罗什译

　　尔时无尽意菩萨，即从座起，偏袒右肩，合掌向佛，而作是言：世尊！观世音菩萨，以何因缘，名观世音？佛告无尽意菩萨：善男子！若有无量百千万亿众生，受诸苦恼，闻是观世音菩萨，一心称名，观世音菩萨，即时观其音声，皆得解脱。若有持是观世音菩萨名者，设入大火，火不能烧，由是菩萨威神力故。若为大水所漂，称其名号，即得浅处。若有百千万亿众生，为求金、银、琉璃、车磲、马瑙、珊瑚、虎珀、真珠等宝，入于大海。假使黑风吹其船舫，飘堕罗刹鬼国。其中若有乃至一人，称观世音菩萨名者，是诸人等，皆得解脱罗刹之难。以是因缘，名观世音。若复有人，临当被害，称观世音菩萨名者，彼所执刀杖，寻段段坏，而得解脱。若三千大千国土，满中夜叉、罗刹，欲来恼人，闻其称观世音菩萨名者，是诸恶鬼，尚不能以恶眼视之，况复加害？设复有人，若有罪，若无罪，杻械枷锁，检系其身，称观世音菩萨名者，皆悉断坏，即得解脱。若三千大千国土，满中怨贼，有一商主，将诸商人，赍持重宝，经过险路，其中一人，作是唱言：诸善男子，勿得恐怖！汝等应当一心称观世音菩萨名号，是菩萨能以无畏，施于众生。汝等若称名者，于此怨贼，当得解脱。众商人闻，俱发声言：南无观世音菩萨。称其名故，即得解脱。无尽意！观世音菩萨摩诃萨，威神之力，巍巍如是。若有众生，多于淫欲，常念恭敬观世音菩萨，便得离欲。若多瞋恚，常念恭敬观世音菩萨，便得离瞋。若多愚痴，常念恭敬观世音菩萨，便得离痴。无尽意！观世音菩萨，有如是等大威神力，多所饶益，是故众生，常应心念。若有女人，设欲求男，礼拜供养观世音菩萨，便生福德智慧之男，设欲求女，便生端正有相之女，宿植德本，众人爱敬。无尽意！观世音菩萨有如是力。若有众生，恭敬礼拜观世音菩萨，福不唐捐。是故众生，皆应受持观世音菩萨名号。无尽意！若有人受持六十二亿恒河沙菩萨名字，复尽形供养饮食、衣服、卧具、医药。于汝意云何？是善男子、善女人，功德多不？无尽意言：甚多！世尊。佛言：若复有人，受持观世音菩萨名号，乃至一时礼拜供养，是二人福正等无异，于百千万亿劫不可穷尽。无尽意！受持观世音菩萨名号，得如是无量无边福德之利。无尽意菩萨白佛言：世尊！观世音菩萨云何游此娑婆世界？云何而为众生说法？方便之力其事云何？佛告无尽意菩萨：善男子！若有国土众生，应以佛身得度者，观世音菩萨即现佛身而为说法。应以辟支佛身得度者，即现辟支佛身而为说法。应以声闻身得度者，即现声闻身而为说法。应以梵王身得度者，即现梵王身而为说法。应以帝释身得度者，即现帝释身而为说法。应以自在天身得度者，即现自在天身而为说法。应以大自在天身得度者，即现大自在天身而为说法。应以天大将军身得度者，即现天大将军身而为说法。应以毘沙门身得度者，即现毘沙门身而为说法。应以小王身得度者，即现小王身而为说法。应以长者身得度者，即

现长者身而为说法。应以居士身得度者，即现居士
身而为说法。应以宰官身得度者，即现宰官身而为
说法。应以婆罗门身得度者，即现婆罗门身而为说
法。应以比丘、比丘尼、优婆塞、优婆夷身得度
者，即现比丘、比丘尼、优婆塞、优婆夷身而为说
法。应以长者、居士、宰官、婆罗门妇女身得度
者，即现妇女身而为说法。应以童男、童女身得度
者，即现童男、童女身而为说法。应以天、龙、夜
叉、乾闼婆、阿修罗、迦楼罗、紧那罗、摩睺罗伽
人非人等身得度者，即皆现之而为说法。应以执金
刚神得度者，即现执金刚神而为说法。无尽意！是
观世音菩萨，成就如是功德，以种种形，游诸国
土，度脱众生。是故汝等应当一心供养观世音菩
萨。是观世音菩萨摩诃萨，于怖畏急难之中，能施
无畏，是故此娑婆世界，皆号之为施无畏者。无尽
意菩萨白佛言：世尊！我今当供养观世音菩萨。即
解颈众宝珠璎珞，价值百千两金，而以与之，作是
言：仁者！受此法施珍宝璎珞。时观世音菩萨不肯
受之。无尽意复白观世音菩萨言：仁者！愍我等
故，受此璎珞。尔时佛告观世音菩萨：当愍此无尽

意菩萨及四众、天、龙、夜叉、乾闼婆、阿修罗、迦楼罗、紧那罗、摩睺罗伽人非人等故，受是璎珞。即时观世音菩萨愍诸四众及于天、龙、人非人等，受其璎珞，分作二分，一分奉释迦牟尼佛，一分奉多宝佛塔。无尽意！观世音菩萨有如是自在神力，游于娑婆世界。尔时无尽意菩萨以偈问曰：

世尊妙相具，我今重问彼，
佛子何因缘，名为观世音，
具足妙相尊？偈答无尽意：
汝听观音行，善应诸方所，
弘誓深如海，历劫不思议，
侍多千亿佛，发大清净愿。
我为汝略说：闻名及见身，
心念不空过，能灭诸有苦。
假使兴害意，推落大火坑，
念彼观音力，火坑变成池。
或漂流巨海，龙鱼诸鬼难，
念彼观音力，波浪不能没。
或在须弥峰，为人所推堕，

念彼观音力，如日虚空住。
或被恶人逐，堕落金刚山，
念彼观音力，不能损一毛。
或值怨贼绕，各执刀加害，
念彼观音力，咸即起慈心。
或遭王难苦，临刑欲寿终，
念彼观音力，刀寻段段坏。
或囚禁枷锁，手足被杻械，
念彼观音力，释然得解脱。
咒诅诸毒药，所欲害身者，
念彼观音力，还着于本人。
或遇恶罗刹，毒龙诸鬼等，
念彼观音力，时悉不敢害。
若恶兽围逮，利牙爪可怖，
念彼观音力，疾走无边方。
蚖蛇及蝮蝎，气毒烟火燃，
念彼观音力，寻声自回去。
云雷鼓掣电，降雹澍大雨，
念彼观音力，应时得消散。
众生被困厄，无量苦逼身，

观音妙智力， 能救世间苦。

具足神通力， 广修智方便，

十方诸国土， 无刹不现身。

种种诸恶趣， 地狱鬼畜生；

生老病死苦， 以渐悉令灭。

真观清净观， 广大智慧观，

悲观及慈观， 常愿常瞻仰。

无垢清净光， 慧日破诸暗，

能伏灾风火， 普明照世间。

悲体戒雷震， 慈意妙大云，

澍甘露法雨， 灭除烦恼焰。

诤讼经官处， 怖畏军阵中，

念彼观音力， 众怨悉退散。

妙音观世音， 梵音海潮音，

胜彼世间音， 是故须常念。

念念勿生疑， 观世音净圣，

于苦恼死厄， 能为作依怙。

具一切功德， 慈眼视众生，

福聚海无量， 是故应顶礼。

　　尔时持地菩萨即从座起，前白佛言：世尊！若有众生闻是〈观世音菩萨品〉自在之业，普门示现神通力者，当知是人功德不少！佛说是〈普门品〉时，众中八万四千众生，皆发无等等阿耨多罗三藐三菩提心。

（《大正藏》第九册五十六页下至五十八页中）

《大悲忏》
（含〈大悲咒〉）

南无大悲观世音菩萨（三称）

炉香赞

炉香乍爇　法界蒙熏　诸佛海会悉遥闻

随处结祥云　诚意方殷　诸佛现全身

南无香云盖菩萨摩诃萨（三称）

一切恭谨

一心顶礼十方常住三宝

是诸众等　各各胡跪　严持香华　如法供养

愿此香华云　编满十方界　一一诸佛土

无量香庄严　具足菩萨道　成就如来香

我此香华编十方……（中略）　同入无生　证佛智

供养已

一切恭谨

南无过去正法明如来。现前观世音菩萨。成妙功德。具大慈悲。于一身心。现千手眼。照见法界。护持众生。令发广大道心。教持圆满神咒。永离恶道。得生佛前。无间重愆。缠身恶疾。莫能救济。悉使消除。三昧辩才。现生求愿。皆令果遂。决定无疑。能使速获三乘。早登佛地。威神之力。叹莫能穷。故我一心。归命顶礼。

一心顶礼本师释迦牟尼世尊

一心顶礼西方极乐世界阿弥陀世尊

一心顶礼过去无量亿劫千光王静住世尊

一心顶礼过去九十九亿殑伽沙诸佛世尊

一心顶礼过去无量劫正法明世尊

一心顶礼十方一切诸佛世尊

一心顶礼贤劫千佛三世一切诸佛世尊

一心顶礼广大圆满无碍大悲心大陀罗尼神妙章句

一心顶礼观音所说诸陀罗尼及十方三世一切尊法

　　一心顶礼千手千眼大慈大悲观世音自在菩萨摩诃萨

　　一心顶礼大势至菩萨摩诃萨

　　一心顶礼总持王菩萨摩诃萨

　　一心顶礼日光菩萨。月光菩萨摩诃萨

　　一心顶礼宝王菩萨。药王菩萨。药上菩萨摩诃萨

　　一心顶礼华严菩萨。大庄严菩萨。宝藏菩萨摩诃萨

　　一心顶礼德藏菩萨。金刚藏菩萨。虚空藏菩萨摩诃萨

　　一心顶礼弥勒菩萨。普贤菩萨。文殊师利菩萨摩诃萨

　　一心顶礼十方三世一切菩萨摩诃萨

　　一心顶礼摩诃迦叶无量无数大声闻僧

　　一心顶礼阐天台教观四明尊者法智大师

　　一心代为善吒梵摩瞿婆伽天子。护世四王。天龙八部。童目天女。虚空神。江海神。泉源神。河沼神。药草树林神。舍宅神。水神。火神。风神。土神。山神。地神。宫殿神等。及守护持咒。一切

天龙鬼神。各及眷属。顶礼三宝。

　经云。若有比丘。比丘尼。优婆塞。优婆夷。
童男童女。欲诵持者。于诸众生。起慈悲心。先当
从我发如是愿。

　　南无大悲观世音　　愿我速知一切法
　　南无大悲观世音　　愿我早得智慧眼
　　南无大悲观世音　　愿我速度一切众
　　南无大悲观世音　　愿我早得善方便
　　南无大悲观世音　　愿我速乘般若船
　　南无大悲观世音　　愿我早得越苦海
　　南无大悲观世音　　愿我速得戒定道
　　南无大悲观世音　　愿我早登涅槃山
　　南无大悲观世音　　愿我速会无为舍
　　南无大悲观世音　　愿我早同法性身
　　我若向刀山　　刀山自摧折
　　我若向火汤　　火汤自枯竭
　　我若向地狱　　地狱自消灭
　　我若向饿鬼　　饿鬼自饱满
　　我若向修罗　　恶心自调伏
　　我若向畜生　　自得大智慧

南无观世音菩萨（十声）

南无阿弥陀佛（十声）

观世音菩萨白佛言。世尊。若诸众生。诵持大悲神咒。堕三恶道者。我誓不成正觉。诵持大悲神咒。若不生诸佛国者。我誓不成正觉。诵持大悲神咒。若不得无量三昧辩才者。我誓不成正觉。诵持大悲神咒。于现在生中。一切所求。若不果遂者。不得为大悲心陀罗尼也。乃至说是语已。于众会前。合掌正住。于诸众生。起大悲心。开颜含笑。即说如是广大圆满无碍大悲心大陀罗尼。神妙章句。陀罗尼曰

南无喝啰怛那哆啰夜耶。南无阿唎耶。婆卢羯帝烁钵啰耶。菩提萨埵婆耶。摩诃萨埵婆耶。摩诃迦卢尼迦耶。唵。萨皤啰罚曳。数怛那怛写。南无悉吉唎埵伊蒙阿唎耶。婆卢吉帝室佛啰楞驮婆。南无那啰谨墀。醯唎摩诃皤哆沙咩。萨婆阿他豆输朋。阿逝孕。萨婆萨哆那摩婆萨哆。那摩婆伽。摩罚特豆。怛侄他。唵。阿婆卢醯。卢迦帝。迦罗帝。夷醯唎。摩诃菩提萨埵。萨婆萨婆。摩啰摩啰。摩醯摩醯唎驮孕。俱卢俱卢羯蒙。度卢

度卢罚阇耶帝。摩诃罚阇耶帝。陀啰陀啰。地唎
尼。室佛啰耶。遮啰遮啰。么么罚摩啰。穆帝隶。
伊醯伊醯。室那室那。阿啰嘇佛啰舍利。罚娑罚嘇
佛啰舍耶。呼嚧呼嚧摩啰。呼嚧呼嚧醯利。娑啰娑
啰。悉唎悉唎。苏嚧苏嚧。菩提夜菩提夜。菩驮夜
菩驮夜。弥帝利夜。那啰谨墀。地利瑟尼那。婆夜
摩那。娑婆诃。悉陀夜。娑婆诃。摩诃悉陀夜。娑
婆诃。悉陀喻艺。室皤啰耶。娑婆诃。那啰谨墀。
娑婆诃。摩啰那啰。娑婆诃。悉啰僧阿穆佉耶。娑
婆诃。娑婆摩诃阿悉陀夜。娑婆诃。者吉啰阿悉陀
夜。娑婆诃。波陀摩羯悉陀夜。娑婆诃。那啰谨墀
皤伽啰耶。娑婆诃。摩婆利胜羯啰夜。娑婆诃。南
无喝啰怛那哆啰夜耶。南无阿利耶。婆嚧吉帝。烁
皤啰耶。娑婆诃。唵。悉殿都。漫多啰。跋陀耶。
娑婆诃。

　　观世音菩萨说此咒已。大地六变震动。天雨宝
华。缤纷而下。十方诸佛。悉皆欢喜。天魔外道。
恐怖毛竖。一切众会。皆获果证。或得须陀洹果。
或得斯陀含果。或得阿那含果。或得阿罗汉果。或
得一地二地三四五地。乃至十地者。无量众生发菩

提心。

　　我及众生……（中略），惟愿加护，令障消灭。

　　普为四恩三有。法界众生。悉愿断除三障。归命忏悔。

　　我与众生……（中略），惟愿观音，慈悲摄受。

　　至心忏悔。弟子某甲等。今与法界一切众生。现前一心。本具千法。皆有神力。及以智明。上等佛心。下同含识。无始暗动。障此静明。触事昏迷。举心缚着。平等法中。起自他想。爱见为本。身口为缘。于诸有中。无罪不造。十恶五逆。谤法谤人。破戒破斋。毁塔坏寺。偷僧祇物。污净梵行。侵损常住。饮食财物。千佛出世。不通忏悔。如是等罪。无量无边。舍兹形命。合堕三涂。备婴万苦。复于现世。众恼交煎。或恶疾萦缠。他缘逼迫。障于道法。不得熏修。今遇大悲圆满神咒。速能灭除。如是罪障。故于今日。至心诵持。归向观世音菩萨及十方大师。发菩提心。修真言行。与诸众生。发露重罪。求乞忏悔。毕竟消除。惟愿大悲观世音菩萨摩诃萨。千手护持。千眼照见。令我等内外障缘寂灭。自他行愿圆成。开本见知制诸魔外。三业精进。修净土因。至舍此身。更无他趣。决定得生。阿弥陀佛。极乐世界。亲承供养。大悲观音。具诸总持。广度群品。皆出苦轮。同到智地。

忏悔发愿已

归命礼三宝

南无十方佛　　南无十方法　　南无十方僧

南无本师释迦牟尼佛

南无阿弥陀佛

南无千光王静住佛

南无广大圆满无碍大悲心大陀罗尼

南无千手千眼观世音菩萨

南无大势至菩萨

南无总持王菩萨

南无大乘常住三宝（三称）

宣疏

三皈依

自皈依佛　　当愿众生　　体解大道　　发无上心

自皈依法　　当愿众生　　深入经藏　　智慧如海

自皈依僧　当愿众生　统理大众　一切无碍
和南圣众
南无大悲观世音菩萨（三称）

大悲忏法卷终

圣严书院 1

圣严法师教观音法门

Master Sheng Yen on Guanyin Bodhisattva's Methods

口述	圣严法师
整理	梁寒衣
出版	法鼓文化
总审订	释果毅
总监	释果贤
总编辑	陈重光
责任编辑	李金瑛、杨仁惠、李书仪
封面设计	谢佳颖
内页美编	小工
地址	台北市北投区公馆路186号5楼
电话	(02)2893-4646
传真	(02)2896-0731
网址	http://www.ddc.com.tw
E-mail	market@ddc.com.tw
读者服务专线	(02)2896-1600
简体版初版一刷	2019年6月
建议售价	新台币160元
邮拨账号	50013371
户名	财团法人法鼓山文教基金会—法鼓文化
北美经销处	纽约东初禅寺
	Chan Meditation Center (New York, USA)
	Tel: (718)592-6593 Fax: (718)592-0717

Ⱳ 法鼓文化

国家图书馆出版品预行编目(CIP)资料

圣严法师教观音法门 / 圣严法师口述；梁寒衣整

理. -- 初版. -- 台北市：法鼓文化, 2019.06

面；　公分

简体字版

ISBN 978-957-598-819-7(平装)

1.观世音菩萨 2.佛教修持

225.82　　　　　　　　　　108006286